대한민국 비상사태

김제방 역사서사시집

문학공원 시선 264

대한민국 비상사태

김제방 역사서사시집

대한민국 역사를 보여주는 詩

문학공원

서언

조희대 대법원장님

　대법원장실을 경유하여 우리 처에 접수(2024.11.5. 제4707~4709호)된 귀하의 민원에 대한 회신입니다.
　1. 귀하는 귀하가 저술한 역사서사시집 『대법원의 국민약탈행위』라는 제목의 책자를 제출하였습니다.
　2. 법원은 다툼이 있는…
　3. 사법부의 발전과 법원의 개혁에 대하여 관심과 애정을 보여주신 점에 대하여 감사의 말씀을 드리며, 국민들로부터 신뢰받는 법원이 되도록 최선의 노력을 다하겠습니다. 감사합니다. 끝. 법원행정처장

　내가 그동안 쓴 책은
　『대법원의 국민약탈행위』 외에
　『법조계 악성 카르텔』
　『재판인가 개판인가』
　『법조계의 경고음』
　『망국의 법조계 패거리들』
　『대한민국 이대로 괜찮겠나』 등으로
　책 타이틀부터 악필(惡筆)이었습니다

그런데 민원회신을 통해
"사법부의 발전과 법원의 개혁에
대하여 관심과 애정을 보여주신 점에
감사의 말씀을 드리며 국민들로부터
신뢰받는 법원이 되도록 최선의 노력을
다하겠습니다"라는 회신을 받았습니다
2024년 11월 14일의 일입니다
90을 넘긴 나이에 덕담(德談)만을
하고 가도 모자랄 나이에…
부끄럽습니다
그리고 감사의 말씀을 드립니다

2025년 1월

김 제 방

차례

서언 - 조희대 대법원장님 … 4

제1장 이재명 재판 회오리

김혜경 1심 150만 원	14
이재명 징역 1년 집행유예 2년	15
명태균·김영선 구속수감	17
윤대통령·시진핑 정상회담	18
이재명은 결코 죽지 않는다	20
여당의 총공세	21
원외 비명계 초일회	22
최태원 APEC CEO 서밋 의장	23
조희대 대법원장 6·3·3원칙	24
바이든 러 영토 공격 허용	25
미·중 선택의 문제 아냐	26
이재명 5법 리스크	28
푸틴 핵카드 맞불	29
민주당 사법부 비판 자제	30
G20 정상들 북·러 맹비난	32
법원장 추천제 폐지	33
조국 윤 대통령 탄핵 초안	35
미국 정권교체 두 달 앞	36
앞이 안 보이는 여당	38
메르켈의 트럼프 혹평	39
일론 머스크의 개혁의지	40
尹 순방 마치고 귀국	41
검찰과 야당 대충돌	43

제2장 검찰과 야당 대충돌

미국은 어찌 된 나라인가	44
필리핀은 또 어떤가	45
북한군 500명 사망설	46
67개 대학 교수 시국선언	47
이스라엘의 맹공	48
이재명 위증교사 1심 무죄	49
한·말레이시아 정상회담	51
새역사 쓴 K바이오	52
무죄 기세 오른 거야	54
불황 속 해외 카드 펑펑	55
트럼프 관세전쟁 선포	56
김건희특검법 거부권	57
이스라엘·헤즈볼라 휴전	58
선진국 한국인은 냉동인간	59
2024년 첫눈이 폭설이다	60
눈 오는 날의 명상	61
눈 오는 날의 망상	62
검찰과 야당 대충돌	63
대통령 우크라이나 특사단 접견	65
서울대 교수 시국선언	66
대검 민주당 비판	67
감사원장도 탄핵	68

차례

제3장 이재명 거야의 횡포

서울중앙지방검찰청 회신	70
한국판 사드 개발 성공	71
거야(巨野)의 4중 폭주	72
시리아 내전 재격화	73
감액예산안 상정 보류	74
감사원장 등 탄핵 열차	75
약육강식의 세계	76
비상계엄 선포	77
계엄사령부 포고령 제1호	79
소송질 정치의 해악	81
대통령 탄핵안 제출	82
친한계 탄핵은 막아야	83
보자기 없는 투우사	86
트러블 메이커	87
참으로 모를 일이다	88
감사원장 탄핵 통과	89
윤 대통령 내란혐의 수사	90
미 캠벨 계엄 비판	91
박정희 대통령 동상제막식	93
충암고 부끄러운 졸업생	94
프랑스 내각 붕괴	95
윤 대통령 버티기 돌입	96

제4장 망국의 법조인 정치

조기대선 패배 트라우마	98
길어지는 대통령의 침묵	100
민노총 총파업	102
조희대 대법원장의 역할	104
등 돌린 한동훈	105
다 잡아들여 싹 정리하라	106
이재명 윤 내란범죄	107
여당 중진들 탄핵 반대	108
여당 시도지사협의회	111
숨죽인 공직사회	112
윤 대통령 후퇴 담화	113
대통령 탄핵안 폐기	114
시리아 내전 종식	115
트럼프 세상이 미쳐간다	116
한국 안전한가요	117
안 통하는 한동훈 해법	118
윤 대통령 내란혐의	120
박세현 특수본부장	121
윤 대통령 출국금지	122
아사드 러시아 망명	123
정적에 휩싸인 용산	124
민주당의 내란특검법	125

차례

제5장 대한민국 비상사태

대미 외교 빨간불	128
대한민국이 살려면	129
감액 예산 통과	130
경제전문가 긴급 제언	131
李·曺 재판은 그대로	132
비상경제협의체 구성하자	133
염려되는 국민감정	134
총선패배 뒤 계엄 꺼내	135
대통령실 압수수색	136
윤 대통령 탄핵까지 버틴다	137
노벨상 시상식	138
정치색 옅어지는 집회	139
조국 징역 2년 확정	140
윤 대통령 계엄은 통치행위	141
국민의힘 난타전	143
권성동 여당 원내대표	144
선진국 시험대 오른 한국	145
경찰청장·서울청장 구속	146
이재명 탄핵안 성명	147
내란 수사가 내란	148
대통령 출당 충돌	149
윤 대통령 탄핵가결	150

제6장 선진국 5년 차의 시련

배신인가 충신인가	152
상반된 두 지도자	153
과유불급(過猶不及)	155
미국 백악관의 반응	156
몸 낮춘 민주당	157
윤 대통령 직무정지	158
국가안정협의체 제의	159
헌재 탄핵심리 착수	160
프랑스 정치혼란	161
떨고 있는 중동 지도자들	162
탄핵의 형평성	163
엘리트 집단의 권위	164
조국 서울구치소 수감	165
퇴장당한 검사 정치	166
망국의 쏠림현상	168
한동훈도 떠났다	169
우면산 무장애숲길	170
독일 숄츠 총리 불신임	171
통지서 접수거부	172
내란죄 성립 안 돼	173

차례

제7장 대통령 탄핵하는 나라

내란의 우두머리	176
이재명	177
시리아 10만 명 암매장	178
윤석열 수사 공수처로	179
권성동 이재명 예방	180
6·25의 추억	181
한덕수 거부권 행사	182
이화영 2심도 유죄	183
여권 주자들 몰락	184
공조본 최후통첩	185
이! 육씨랄 놈들아!	186
국회의장 여야정협의체	187
한덕수 대행 탄핵압박	188

부록

김제방 역사학자의 도서출판 연보	190

제1장
이재명 재판 회오리

김혜경 1심 150만 원

더불어민주당 이재명 대표의 부인 김혜경 씨가
더불어민주당 대선 후보 경선 과정에서
경기도 법인카드로 민주당 전현직 의원 배우자 등에게
음식을 제공한 혐의로 재판에 넘겨져
1심에서 벌금 150만 원을 선고받았다
수원지법 형사 13부(부장판사 박정호)는
2024년 11월 14일 공직선거법 위반 혐의로
불구속 기소된 김씨에게
"범행을 부인하고 책임을 전가하는 모습을 보였다"며
이같이 판결했다
김 씨는 이 대표가 민주당 대선 후보 경선 출마를
선언한 후인 2021년 8월 서울의 한 음식점에서
경기도 법인카드로 전현직 배우자 3명과
운전기사·수행원 등 3명에게
104,000원 상당의 음식을 제공한 혐의를 받았다

이재명 징역 1년 집행유예 2년

더불어민주당 이재명 대표가 11월 15일
공직선거법 위반 사건 1심에서 징역 1년에
집행유예 2년을 선고받았다
2022년 대선 과정에서 허위 사실을 공표한 혐의로
불구속 기소된 지 2년 2개월 만이다
이대로 대법원에서 형이 확정되면
이 대표는 향후 10년간 피선거권이 박탈된다
100만 원 이상 벌금형이 확정돼도 5년간
피선거권이 박탈돼 2027년 대선에 출마할 수 없다
100만 원 이상 벌금형이 최종 확정시 민주당도
지난 대선 때 보전받은 선거자금 등
434억 원을 반환해야 한다
이 대표가 받고 있는 4개의 재판 중 가장
먼저 결과가 나온 1심이 유죄로 나오면서
이 대표의 사법리스크는 더욱 커질 것으로 보인다
서울중앙지법 형사합의 34부(부장판사 한성진)는
"선거 과정에서 유권자에게 허위 사실이 공표되는 경우
유권자가 올바른 선택을 할 수 없게 돼
민의가 왜곡되고 선거제도의 기능과
대의민주주의의 본질이 훼손될 염려가 있다는 점에서
죄책이 가볍다고 할 수 없다

죄책과 범정(범죄가 이뤄진 정황)이 상당히 무겁다"며
선고 이유를 밝혔다
이 대표는 대선 후보였던 2021년 12월 방송에 나와
대장동 사업 실무를 맡은
고 김문기 전 성남도시개발공사 개발사업 1차장에 대해
"하위직이라 시장 재직 때는 몰랐다"
"제가 (김 전 차장과) 골프를 친 것처럼(국민의힘이)
사진을 공개했는데 조작한 것"이라고 하는 등
허위 사실을 공표한 혐의로 재판을 받아왔다
같은 해 10월 국정감사에서
백현동 부지 용도 변경과 관련해
국토교통부의 협박이 있었다는
허위 발언을 한 혐의도 있다

명태균·김영선 구속수감

윤석열 대통령 부부 공천개입 의혹의 핵심 관련자인
명태균 씨(54)와 김영선 전 의원(64)이
11월 15일 구속 수감됐다
검찰은 구속 기간(최장 20일) 이들을 둘러싸고 제기된
각종 의혹에 대한 수사를 확대할 방침이다
창원지법 정지은 영장전담 부장판사는 이날
"증거인멸 염려"를 이유로
이들에 대한 구속영장을 발부했다
두 사람은 김 전 의원을
국회의원 후보로 추천한 대가로
16회에 걸쳐 세비 7,620만 원을 주고받은 혐의를 받는다
이들은 2022년 지방선거를 앞두고
예비 후보자 2명으로부터
2억4,000만 원을 받은 혐의도 있다

윤대통령·시진핑 정상회담

APEC 정상회의 참석차 페루 리마를 방문 중인
윤석열 대통령이 11월 15일 오전
시진핑(習近平) 중국 국가주석과 정상회담에서
시 주석이 윤석열 대통령에게 중국 방문을 요청했다
도널드 트럼프 미국 대통령 당선인이
강력한 중국 견제 정략을 예고한 만큼
이런 흐름에 동참하지 말라고
시 주석이 한국에 우회적인 경고 메시지를
먼저 던진 것 아니냐는 해석이 나온다
회담에서 시 주석은 먼저
윤 대통령에게 중국 방문을 요청했고
이어 윤 대통령도 시 주석에게 방한을 요청했다
두 정상은 즉답 없이 각각 '감사하다'고 했다
대통령실 고위 관계자는 기자들과 만나
"특히 내년 가을쯤 우리가
APEC 경주 회의를 주최하기 때문에
시 주석에게 자연스럽게 방한해 달라고 했다"고 했다
이날 회담에서 윤 대통령은
북한과 러시아 간 군사협력을 겨냥해
"중국이 건설적으로 역할을 해 달라"고 했다
다만 시 주석은 "당사자들이

대화와 협상을 통해 문제를 평화적으로
해결해 나가기를 희망한다"고 답했다
시 주석은 16일 APEC 세션 연설에선
"세계 각국이 중국 발전이란 급행열차에 탑승해
번영하길 바란다"고 밝혔다
윤 대통령은 APEC 정상회의 기간 중
한미일 정상회의와 조 바이든 미국 대통령
이시바 시게루 일본 총리와 정상회담도 갖고
북러 불법 군사협력에 대해 규탄했다

이재명은 결코 죽지 않는다

더불어민주당 이재명 대표가
11월 16일 저녁 서울 광화문 일대에서
민주당 주최로 열린 '김건희·윤석열 국정농단 규탄 및
특검 촉구' 3차 집회에 참석해
"이재명은 결코 죽지 않는다"고 했다
공직선거법 위반 1심에서
징역 1년 집행유예 2년을 선고 받은 다음 날
자신을 중심으로 한 단일대오를 강조하고 나선 것
당 지도부도 "당 대표 교체는 전혀 고려하고 있지 않다"며
당 차원의 변호인단을 선임키로 하는 등
이 대표 사법리스크에 당력을 더 집중하겠다는
방침을 밝혔다
다만 당내에서는 공직선거법보다도 더 어려운
재판이 될 수도 있다는
25일 위증교사 혐의 1심 선고를 앞두고
"이재명 일극 체제의 대안도 모색해야 하는 것 아니냐"는
위기감도 감지된다

여당의 총공세

국민의힘은 11월 25일로 예정된
더불어민주당 이재명 대표의 위증교사 혐의 관련
1심 선고 때까지 당력을
'이재명 리스크'에 집중한다는 방침이다
17일 국민의힘 한동훈 대표는
"15일 흔한 선거법 위반 재판에서
통상적인 결과가 나온 것이고 25일 역시
흔한 위증교사 재판에서 통상적인 결과가 나올 것"이라며
이 대표의 사법리스크를 직접 부각했다
여당은 "이 대표는 법정구속을
걱정해야 한다"고 논평했다
국민의힘은 김건희 특검법 이탈표 압박·탄핵·임기단축
공세 등을 막는데 급급했던 상황을
반전할 기회를 잡았다는 분위기다
'반(反)이재명'을 앞세워 강 대 강으로 맞서는 동시에
특별감찰관 추진 등 여권 쇄신도 이어갈 계획이다
한 대표는 "우리는 반사이익에 기대거나 오버하지 않고
민심에 맞게 변화와 쇄신하고 민생을 챙기겠다"고 했다

원외 비명계 초일회

더불어민주당 이재명 대표의
징역형·집행유예 선고 이후
비명계(비이재명)의 물밑 움직임도 빨라지고 있다
비명계 전직 의원들이 주축이 된 '초일회'는
12월 1일 김부겸 전 국무총리의 특강을 주최하고
내년 1월에는 김경수 전 경남 도지사와의
만남도 예고했다
야권에선 이 대표가 11월 25일 위증교사 혐의 1심에서
유죄를 받고 사법리스크가 더 커질 것에 대비해
비명계가 내세운 3총리(김부겸·이낙연·정세균 전 국무총리)
3김(김동연·김경수·김두관)의 이름이 거론되고 있다
'초일회' 소속 한 직원은
"비명계 인사들이 하고 싶은 말이 많이 있지만
아직 때가 되지 않았다고 보고
자제하고 있는 형국"이라고 말했다

최태원 APEC CEO 서밋 의장

최태원 대한상공회의소 회장이
2025년 '아시아태평양경제협력체(APEC) 최고경영자(CEO)
서밋' 의장 자격을 이어받았다
대한상공회의소는 11월 16일 최 회장이
페루 리마 국립대극장에서 열린
'2024 APEC CEO 서밋'에서
페르난도 자발라 페루 의장으로부터
'2025 APEC CEO 서밋' 의장 자격을 인수했다고
17일 밝혔다
'2025 APEC CEO 서밋'은
10월 경상북도 경주에서 열릴 예정이다

조희대 대법원장 6·3·3원칙

이재명 선거법 유죄… 속도가 변수다
조희대 대법원장이 강조해온 최우선 과제가
재판 지연 해결이다
법원행정처는 22대 총선 사범
공소시효 말료(2024. 10. 10.)를 앞두고
"선거법 판결 선고를 1심은 기소 후 6개월에
2·3심은 전심 후 3개월 이내에 해야 한다"고
재판 기간 강행 규정을 지켜 달라"고
각급 법원에 공문을 보냈다
부장판사 출신의 한 선거법전문 변호사는
"공문 취지는 재판 기간(6·3·3개월)을
지키라는 것"이라며
"피고인 측이 재판 지연 전략을 써도
궐석 재판이 가능한 만큼 3개월을 지키는
방법은 법에 다 정해져 있다"고 말했다

바이든 러 영토 공격 허용

2025년 1월 퇴임을 앞둔 조 바이든 미국 대통령이
북한군의 우크라이나 파병에 맞대응하기 위해
미국이 지원한 무기를 활용한
러시아 영토 공격을 허가라는 초강수를 뒀다
러시아 크렘린궁은 11월 18일 "퇴임하는
미국 정부가 분쟁에 기름을 붓고
전쟁을 더욱 고조시키려고 한다"고 반발했다
NYT에 따르면 미국 정부 당국자들은
이번 정책 전환의 목표 중 하나는
북한에 "북한군이 취약하며
북한이 더는 병력을 보내서는 안 된다"는
메시지를 보내기 위해서라고 말했다

미·중 선택의 문제 아냐

2024년 11월 18일 G20 정상회의 참석차
브라질 리우데자이네루를 방문한
윤석열 대통령이 현지 언론인터뷰에서
"한국에 있어 미국과 중국은 둘 중 하나를
선택해야 하는 문제는 아니다"고 말했다
윤 대통령은 "미·중 관계가 국제사회의 평화와 번영에
기여하는 방향으로 발전해 나가기를 기대하며
그 과정에서 한국은 미·중 양국과
긴밀히 협력해 나가겠다"며 이같이 밝혔다
윤 대통령은 "국제사회에서
협력과 경쟁은 병존할 수밖에 없다"며
"중요한 것은 이러한 경쟁과 협력이
국제규범과 규칙을 존중하는 가운데
정당하고 호혜적으로 이뤄져야 한다"고 했다
한국정부의 외교기조와 관련해서도
"한미동맹을 기본 축으로 인도·태평양지역과
국제사회의 평화와 번영에 도움이 되는 방향으로
중국과 계속 소통하고 관계를
발전시키고자 노력 중"이라고 했다
취임 후 처음으로 남미를 찾은 윤 대통령은
경제협력 의지도 드러냈다

"브라질은 남미국가 중에서
한국의 1위 교역 파트너"라며
세계적인 자원부국인 브라질과 제조업 강국인 한국은
상호보완적 무역구조를 갖고 있어
글로벌 공급망 재편에 공동 대응할 수 있는
최적의 파트너"라고 강조했다

이재명 5법 리스크

이재명 더불어민주당 대표가 또 기소됐다
수원지검은 2024년 11월 19일
이 대표를 업무상 배임 혐의로 불구속 기소했다
경기도지사 재임시절 관용차를 사적으로
개인 음식값과 세탁비 등을 법인카드 등
경기도 예산으로 지출하는 등
총 1억653만 원을 유용한 혐의다
이로써 이 대표는 총 5건의 재판을 받게 됐다
수원지검 공공수사부(부장 허훈)는 업무상 배임혐의로
이 대표를 불구속 기소하고
전직 경기도 별정직 5급 공무원 배모 씨와
당시 이 대표의 비서실장을 지낸 공무원 정모 씨도
같은 혐의로 불구속 기소했다
검찰은 배우자 김혜경 씨에 대해선 기소유예 처분했다
배우자의 법인카드 유용 역시
이 대표의 책임으로 본 것이다

푸틴 핵카드 맞불

우크라이나군이 미국에서 지원받은
중거리 미사일 에이테큠스(ATACMS)로
11월 19일 러시아 본토를 공격했다
2일 전 미국 정부가 자국이 지원한 장거리 미사일로
러시아 본토 타격을 허용한다는 보도가 나온 이후
우크라이나가 감행한 러시아 본토 공격이다
이날 러시아는 핵무기를 갖지 않은 나라가
핵보유자의 지원을 받아 러시아를 공격해도
핵보유국의 공격 행위로 간주해
핵무기로 보복할 수 있다는
핵무기 사용에 대한 교리(독트린)를 개정했다
러시아가 우크라이나를 침공한 지 1,000일이 되는 이날
전쟁 양상은 새로운 국면에 접어들 가능성이 커졌다

민주당 사법부 비판 자제

이재명 더불어민주당 대표가
공직선거법 위반 사건 1심 재판에서
징역 1년 집행유예 2년을 선고받자 강경파를 중심으로
사법부를 자극하는 메시지가 쏟아지고 있다
친명 성향 지지층이 활동하는 커뮤니티엔
11월 19일 이 대표에게 향후 10년간
피선거권이 박탈되는 중형을 선고한
서울중앙지법 한성진 부장판사를 탄핵해야 한다는
글이 다수 게시됐다
박찬대 원내대표도 11월 16일 광화문광장 집회에서
"미친 정권의 미친 판결"이라고 사법부를 비판했다
그러자 당내에서도 과도한 사법부 비판에
자칫 남은 이 대표 재판에 부정적인 영향을
미칠 수 있다는 우려가 제기되고 있다

박지원 의원은 SBS 라디오에 출연해
"사법부 판단은 일단 존중해야한다"며
"우리의 주적은 윤석열·김건희·검찰이지
사법부가 아니다"라고 말했다
박수현 의원도 KBS라디오 인터뷰에서
"우리가 민주주의 위기를 이야기하면서

삼권분립의 한 축인 법원을 흔드는 것은 아닌지
생각해봐야 한다"며 "이 대표 재판을 위해서라도
어떻게 대응해야 하는지
냉정하고 차분하게 생각해야 한다"고 말했다
친명계 정성호 의원도 YTN 라디오에 출연해
"충격적인 판결에 불만이 있고
분노가 생긴다고 하더라도 판결은 판결"이라며
"법리적으로 더 보완해 잘 대응해야 할 문제이지
판사 탄핵 등의 주장은 바람직하지 않다"고 밝혔다
이재명 대표는 15일 공직선거법 위반 사건 1심
재판 이후 판결 관련 메시지를 자제하고 있다
민주당 핵심 관계자는 "재판 결과에 아쉬움이 있지만
이 대표가 직접 재판부를
공격하진 않을 것"이라고 말했다

G20 정상들 북·러 맹비난

윤석열 대통령을 포함한
주요 20개국 정상회의에 참석한 다수 정상들이
11월 18일 러시아의 우크라이나 침공과
북한의 러시아 파병을 맹비난했다
김태효 국가안보실 1차장은 G20 정상회의가 열린
브라질 리우데자네이루 현지 프레스센터에서
"윤석열 대통령은 러시아 외교장관 발언에 이어서
1세션에서 열 번째로 발언했다"며
"러시아 북한 간 군사협력 즉각 중단을 촉구하고
그 불법성을 국제사회가 함께 심각하게 인식하면서
러·북 군사협력을 중단하는데
힘을 모아야 한다고 역설했다"고 전했다
김 차장은 이어 "열한 번째 연사로 나선
이시바 시게루 일본 총리도
조 바이든 미국 대통령·EU 집행위원장·캐나다 총리·
호주 총리 등도 러·북한을 비판했다"고 했다

법원장 추천제 폐지

대법원행정처가 김명수 전 대법원장이 도입한
'법원장 추천제'와 '지방법원·고등법원 인사 이원화'를
대폭 손질하겠다고 밝히면서 일부 판사들 사이에서
우려와 비판이 나오고 있다
제도 도입 취지인 법관 관료화에 대한 반성은
어디로 갔느냐는 지적이다

조희대 대법원장은 지난해 취임 직후 '법원장 추천제'를
"다시 검토하겠다"면서 올해 시행하지 않았다
김명수 전 대법원장 시기 5년간 시행했던
법원장 추천제는 내년엔 아예 사라질 것으로 전망된다
천대엽 법원행정처장은 전날 코트넷에 올린 글에서
"새로운 법원장 보임 절차를 마련했다"고 알렸다
조희대 대법원장 체제에서 이를 뒤집으려는 것은
법원장 추천제가 인기투표로 전락했고
재판 지연의 이유가 된다는
일각의 주장을 받아들여서다
고법 부장판사들의 법원장 진출이 제한된다는
불만도 반영했다
천대엽 법원행정처장은
지난달 전국 법관대상 설문조사 결과를

제도 손질의 근거로 들고
전국법관대표회의는 12월 9일 열리는 정기총회에서
'법원장·법관 인사제도' 관련 문제를
정식 안건으로 상정한다고 예고했다

조국 윤 대통령 탄핵 초안

조국혁신당이 11월 20일 윤석열 대통령에 대한
탄핵소추안 초안을 공개했다
조국혁신당은 "윤석열 파면을 이끌어 내는
예인선이자 쇄빙선이 되겠다"고 밝혔다
조국 대표는 서울 광화문광장에서 기자회견을 열고
"김건희 씨가 이끌고 무속인이 뒤에서 미는
윤석열 정권을 소기 종식할
'골든 타임'을 놓쳐선 안 된다"며
1905년 장지연의 시일야방성대곡 문구를 인용한 뒤
"120년을 뛰어넘어 대한민국 곳곳에서
시일야방성대곡이 울려 퍼지고 있다"고 주장했다
헌법 제65조에 따르면 대통령 탄핵소추안
발의는 국회 재적의원 과반(150)이 동의해야 하기 때문에
조국혁신당(12석) 단독으로는 불가능하다
더불어민주당은 "논의를 해보지 않아
입장이 없다"고 했다
여당은 "정치적 선동"이라고 비판했다

미국 정권교체 두 달 앞

우크라이나 전쟁을 두고 미국의 신구
권력이 대립하는 양상이다
조 바이든 대통령이 전쟁 발발 이래
2년 9개월 간 금기시하던 미사일 사거리를 풀고
대인지뢰 공급까지 나서자
도널드 트럼프 대통령 당선인 측에서는
탄핵까지 거론하며 강하게 반발하고 있다
정권 교체를 불과 두 달여 남겨두고
바이든의 '제국주의'와 트럼프의 '고립주의' 외교 노선이
정면 충돌하고 있다
일각에선 트럼프가 경험 없는 젊은 강경파를
외교안보 요직에 앉히는데 불안감을 느낀
바이든 진영의 '알박기성 조치'라는 풀이까지 나온다

미국은 우크라이나의 끈질긴 요청에도
그간 전술 지대지미사일 '에이테큠스'의
사거리 제한(최대 사거리 300km) 해지와
대인지뢰 공급을 승인하지 않았다
특히 대인지뢰의 경우 2년 전 바이든 대통령이
"한반도 이외 지역에선 사용을 전면 금지하겠다"고
공언했던 사안이다

이처럼 본인의 소신까지 뒤집으면서
우크라이나 군사 지원에 몰입하는 건
트럼프 정권 출범 전에 전황에
빠른 변화를 주기 위한 것이란 해석이 나온다
그렇게 함으로써 우크라이나가 정전
또는 종전협정에서 몸값을 올려 유리한
고지에 설 수 있기 때문이다

앞이 안 보이는 여당

'명태균 늪'에 '게시판 수렁'에 앞이 안 보이는 여당…
이재명 더불어민주당 대표의
공직선거법 위반 1심 징역 1년 집행유예 2년 선고로
한숨 돌리는 듯했던 여권에
다시 긴장감이 고조되고 있다
명태균발(發) 공천 의혹과
한동훈 국민의힘 대표를 둘러싼 당원 게시판 논란이
안팎에서 동시에 불붙었기 때문이다
"두 개의 수렁 중 하나만 잘못 디뎌도
그대로 낭떠러지"라는 지적이 나온다

메르켈의 트럼프 혹평

2005년부터 2021년까지 독일 총리를 지낸
앙겔라 메르켈은 유럽의 구심점이자
'자유세계의 지도자'로 불렸다
그가 『자유 : 기억 1954-2021』이란
제목의 회고록을 낸다
회고록에는 도널드 트럼프 미국 대통령 당선인의
인물평이 담겼는데 메르켈은 그를
"부동산 개발업자의 눈으로
모든 것을 판단하는 사람"이라고 했다
메르켈은 2017년 3월 백악관에서 한
트럼프와의 정상회담 상황을 언급했다
그는 "트럼프는 감정적이고
시빗거리를 찾으려고 할 때만
내 이야기에 귀를 기울였다"고 했다
메르켈과 트럼프는 재임 당시 여러 현안에서
사사건건 충돌해 '앙숙'으로 불렸다
트럼프가 메르켈과의 전화 통화 도중
"멍청이"란 막말을 퍼부었다고도 알려졌다

일론 머스크의 개혁의지

도널드 트럼프 대통령 당선인이
정부효율부 공동 수장으로 지명한
일론 머스크 테슬라 CEO가
'작은정부 십자군(crusade)'과 규제 리셋(reset)을 통해
미국 연방정부를 대대적으로 개혁하겠다고 밝혔다
머스크는 정부효율부 공동 수장으로 함께 지명된
기업인 비벡 라마스와미와 공동 기자회견을 통해
"고착화돼 나날이 커지는 관료주의는
미국의 실존적 위협"이라고 했다, 이어
"①규제 철폐 ②행정부의 축소 ③낭비 예산 절감이라는
세 가지 개혁에 나서겠다"고 밝혔다
이를 통해 230만 명에 이르는
연방 공무원을 대대적으로 감축하고
대규모 예산 재검토와 감사를 통해
낭비되고 있는 예산을 찾아내
2조 달러(약 2,800조 원)의 예산을 절감할 계획이다
미국의 연간 재정적자는 2조 달러에 이른다
정부효율부의 규제 및 예산 개혁을 통해
2년 내에 균형 재정을 이루겠다는 것이다

尹 순방 마치고 귀국

윤석열 대통령이 11월 21일
APEC · G20정상회의 참석 등
남미 순방을 마치고 귀국한 가운데
개각과 참모진 개편 등 인적 쇄신에
속도를 낼지 주목된다
정진석 대통령비서실장은 순방 기간 동안
검승작업이 신행된 인사 자료를
조만간 윤 대통령에게 보고할 예정이다
각계 각층으로부터 인사 추천을 받아
광범위한 검증 작업에 돌입한 만큼
윤 대통령에게 그간의 상황을 보고하고
인적 쇄신의 방향을 잡겠다는 것이다

제2장
검찰과 야당 대충돌

미국은 어찌 된 나라인가

트럼프의 기록은 화려하다
미국 역사상 탄핵당한 유일한 대통령
91개 혐의로 기소돼
34개 혐의가 유죄로 인정된 인물
차별과 혐오의 일급 전도사
이런 사람을 다시 대통령으로 선택한
미국은 어찌 된 나라인가?
극적으로 부활한 트럼프는
두 가지의 정책 깃발을 올렸다
하나는 국경에 장벽을 높이 세워(고관세·이민통제·추방)
세계화로 망가진 제조업과 일자리를 보호한다는
미국우선주의다
또 다른 하나는 감세·규제완화·정부지출 삭감이라는
올드한 냄새 짙은 정책기조다
트럼프·머스크 동맹이 주도한다
반세계화 미국 우선주의는
기왕의 리버럴 세계질서의 종말을 뜻한다
세계는 잔뜩 움츠리고 지켜보고 있다

필리핀은 또 어떤가

사라 두테르테 필리핀 부통령이
자신과 정치적 대립관계에 있는
페르디난드 마르코스 주니어 대통령의
암살을 언급해 파문이 일고 있다
11월 23일 두테르테 부통령은 온라인 기자회견에서
자신을 죽이려는 구체적인 음모가 있다고 주장했다
그러면서 그는 "이미 내 경호팀에게 얘기했다
만약에 내가 살해당하면
BBM(마르코스 대통령)·대통령 부인·
로무알데스 하원의장(마르코스의 사촌)을 죽이라"고 했다
이어 "내가 죽으면 그들을 죽일 때까지
멈추지 말라고 했다"고 덧붙였다
필리핀 정치를 양분하는 두 가문인
두테르테가(家)와 마르코스가(家)는 불화를 거듭하고 있다
두테르테 부통령은 두테르테 전 대통령의 딸이고
마르코스 주니어는 마르코스 전 대통령의 아들이다

북한군 500명 사망설

국가정보원이 11월 24일
러시아 본토 남서부의 격전지 쿠르스크 지역에서
북한군 사상자가 발생했다는 구체적인 첩보가 있어
면밀히 파악 중이라고 했다
앞서 쿠르스크 지역에 북한군이 투입돼
일부가 전투를 치르고 있다고 밝힌 국정원이
북한군 사상자 발생 가능성을 처음 확인한 것이다
우크라이나 현지 매체도 최근
500명의 북한군 사망자가 발생했다고 보도했다

67개 대학 교수 시국선언

최근 대학가에서 윤석열 대통령의 퇴진과
김건희 여사에 대한 특별검사 수사를 요구하는
교수 시국선언문이 잇달아 발표됐다
10월 28일 가천대를 시작으로 11월 24일 현재까지
한국외국어대 · 한양대 · 경희대 · 고려대 · 연세대 등
67개 대학 교수들이 32개의 시국선언문을 발표했다
이늘은
① 대통령의 국정수행 능력
② 김건희 여사를 둘러싼 각종 의혹
③ 한반도를 둘러싼 외교안보 위기
④ 경제 위기를 주로 언급했다

이스라엘의 맹공

이스라엘의 '벙커버스터' 공습으로
레바논의 수도 베이루트 중심부의
아파트 8층 건물이 무너져 최소 20명이 숨졌다
벙커버스터 BLU-109는 2m 두께의
콘크리트 벽도 뚫을 수 있는 대형 폭탄으로
지하에 있는 목표물을 효과적으로 타격할 수 있다
이스라엘군은 헤즈볼라의 최고위급 인사를 살해하기 위해
이번 공습을 한 것으로 파악됐으나
고위급 인사는 그 안에 없었다
레바논 보건부는 가자지구 전쟁 후 이스라엘과
헤즈볼라의 무력 충돌로 11월 22일 기준
최소 3,670명이 숨지고 15,413명이 다쳤다고 집계했다

이재명 위증교사 1심 무죄

이재명 더불어민주당 대표가 11월 25일
위증교사 사건 1심에서 무죄를 선고받았다
서울중앙지법 형사합의부(부장판사 김동현)는
"김진성에게 위증하도록 결의하게 하려는
고의가 있었다고 보기 부족하다"며
이재명 대표에게 무죄를 선고했다
"무죄 만세"
"감사합니다"
25일 오후 2시 40분쯤 이재명 대표의
위증교사 혐의에 대해 1심에서 무죄가 선고됐다는
속보가 전해지자 환호성이 터져 나왔다
서울중앙지검 청사 옆에 집결해 있던
이 대표 지지자들이었다
불과 열흘 새 서초동광장의 분위기가
롤러코스트 탄 것처럼 뒤집혔다

15일 전 이 대표가 공직선거법 위반사건
1심에서 '징역 1년에 집행유예 2년'을
선고받았을 때 분위기를 연출했던
진보·보수 지지자는 이날 정반대가 됐다
이 대표 선고 결과에 따라 극명하게 갈린 광장은

정치판 분열의 축소판이란 지적이다
이재명 대표는 기소된 5개 사건 중 25일
위증교사 1심에서 무죄를 선고받아 한숨 돌렸지만
검찰은 동종 범죄 전과 등을 이유로 징역 3년을 구형했고
일각에선 법정구속 가능성도 예상했지만 무죄가 선고됐다
남은 3개 재판의 1심은
① 대장동·백현동·위례동·성남FC사건
② 쌍방울 대북송금 사건
③ 경기도 법인카드 등 유용 사건이다
이런 서초동 풍경은 이 대표의
남은 재판 결과가 나올 때마다 반복될 전망이다

한·말레이시아 정상회담

한국과 말레이시아가 내년에
FTA를 타결하기로 11월 25일 의견을 모았다
양국은 내년 수교 65주년을 앞두고
전략적 동반자 관계를 수립했다
윤석열 대통령과 안와르 이브라힘 말레이시아 총리는
용산 대통령실에서 정상회담을 하고
무역·투자와 국방·방산·에너지 등 분야에서
협력을 강화하기로 했다
말레이시아는 동남아국가연합(아세안) 국가 중
한국의 3위 교역 대상국이자 4위 투자 대상국이다

새 역사 쓴 K바이오

국내 제약·바이오산업 120년 역사상
최초의 '블록버스터(연매출액 1조 원 이상)
의약품 탄생이 초읽기에 들어갔다
세계 최초 바이오시밀러(바이오의약제품 복제약)인
셀트리온의 '램시마'가 올해
매출 1조 원을 넘길 것이 확실시돼서다

세계 제약·바이오 1, 2위 시장인
미국과 유럽을 발판으로
블록버스터 의약품을 배출했다는 점에서
한국 제약·바이오산업이
재조명받는 계기가 될 것이라는 분석이다
11월 25일 제약·바이오 업계와 셀트리온 등에 따르면
지난 3분기까지 램시마 누적 매출액은 9,797억 원이었다
업계에서는 램시마 분기 매출이
3천억 원 안팎인 것을 감안해
올해 램시마 전체 매출이
1조2,000억 원에 이를 것으로 전망했다
램시마의 성공은 글로벌바이오시밀러 경쟁을 촉발했다
삼성이 먼저 뛰어들었고 화이자 등
글로벌제약사가 속속 진출했다

셀트리온과 삼성바이오에피스는
연구개발(R&D) 속도전을 펼쳐 한국을
바이오시밀러 시장의 최강자 자리에 올려놓았다
이들 쌍두마차가 신약 개발에 뛰어든 것도
바이오시밀러 사업이
든든한 캐시카우 역할을 해주고 있어서다
이승규 한국바이오협회 부회장은
"램시마를 계기로 한국 제약·바이오 제품과 기술력이
세계 시장에서도 통한다는 것이 증명됐다"고 말했다

무죄 기세 오른 거야

이재명 더불어민주당 대표가 위증교사 사건 1심에서
무죄를 선고 받은 지 하루 만에
정국 지형이 요동치고 있다
공직선거법 위반 사건 1심 징역형의 집행유예로
휘청거리던 민주당은
즉각 특검·탄핵·국정조사를 전방위로 밀어붙이며
대여 공세에 나섰고
반전의 기회를 잡지 못한 국민의힘은
'당원 게시판' 논란이 겹치며 자중지란 형국이다
민주당은 11월 26일 김건희 여사 특검법
재의결에 화력을 집중했다
민주당 지도부는 용산 대통령실 앞에서
규탄시위를 벌였다

불황 속 해외 카드 펑펑

2024년 1-10월 문을 닫은 음식점이
서울에서만 19,573곳에 달했다
코로나19가 한창이던 2020년(약 13,000)보다 많다
2023년 국내에서 폐업 신고를 한 개인사업자는
91만 명으로 금년은 전년보다 11만 명이 늘었다
내수 부진이 길어져 자영업자들은 울상이다
고금리 · 고물가 여파로
소비자도 허리띠를 졸라매고 있지만
유독 해외만 나가면 분위기가 달라진다
한국은행에 따르면 올 3분기 우리 국민의
해외 카드사용액은 57억600만 달러(약 8조 원)에 달했다
1년 전보다 20% 가까이 늘었다
해외여행 증가가 주요인이다
엔저 여파로 일본 여행이
특히 급증한 것으로 알려졌다

트럼프 관세전쟁 선포

도널드 트럼프 미국 대통령 당선인이
이민과 마약에 대응한다는 명분을 들어
멕시코·캐나다에 25% 관세를 부과하고
중국에는 추가로 10% 관세를 물리겠다고 밝혔다
집권 2기 내각 인선을 마무리하자마자
고강도 관세 압박에 나선 것이다
동맹국이자 미국과 FTA를 맺고 있는
멕시코·캐나다도 '관세 폭탄'의 대상이 되면서
한미FTA를 체결한 한국에도
파고가 닥칠 수 있다는 우려가 나온다

김건희특검법 거부권

윤석열 대통령이 11월 26일 세 번째로
국회를 통과한 '김건희 여사 특검법'에
재의 요구권(거부권)을 행사했다
윤 대통령은 이로써 취임 후
'김건희 특검법' 3차례를 포함해
25번의 거부권을 행사했다

이스라엘·헤즈볼라 휴전

조 바이든 미국 행정부가 이스라엘과
레바논의 친이란 무장단체 헤즈볼라 간
휴전이 임박했다고 11월 25일 밝혔다
미국이 중재한 휴전안에 헤즈볼라는 이미 동의했고
26일 열리는 이스라엘의 안보 내각회의가
이 안을 승인하면서 이스라엘·헤즈볼라가
27일 오전 4시부터 60일간의 휴전에 돌입했다

416일 만의 휴전은 내년 1월 퇴임하는
조 바이든 미국 대통령과 과거 레바논을 통치했던
프랑스의 에마뉘엘 마크롱 대통령 중재로 이뤄졌다
그러나 이스라엘과 팔레스타인 무장단체 하마스의
휴전 협정은 요원한 상태다
양측은 전쟁을 치르는 과정에서 5만 명이 넘는
팔레스타인이 사망했고 하마스가 통치하는
가자지구는 사실상 폐허로 변했다

선진국 한국인은 냉동인간

세계는 한국을 선진국으로 인정하고
찬사가 쏟아지고 있지만
정작 한국인들은 후진국 국민 그대로다
정치판을 보면 더욱 그렇게 느껴진다
긍정이란 게 없고 모두가 부정적이다
물어뜯고 끌어내려야 한다
선진국 국민이 되기를 포기한 것 같다
어디서부터 잘못되었을까?
나라의 기틀이 흔들리고 있다
국치일과 광복절은 동전의 양면과 같다
광복절이 대한민국 최고의 국경일이다
이것부터 철폐해야 한다
철 지난 이념논쟁에서도 벗어나야 한다
종북좌파라는 이름이 부끄럽지 않은가

2024년 첫눈이 폭설이다

2024년 11월 27일(음력 10월 27일)
내 생일날 첫눈이 오는 것은 여러 번 봤지만
이렇게 많은 눈이 내리는 것은 평생 처음 있는 일로
오늘이 나의 90번째로 맞는 생일이다
대설 경보 속에 정원의 나뭇가지가 휠 정도로
폭설이 하루 종일 내렸다
미국에 사는 작은아들 내외의 전화가
걸려 와 반갑게 받았다
하루 종일 나가지 못하고 집에 있었다
서울에 1907년 근대 기상관측을 시작한 이후
117년 만에 가장 많은 18cm 눈이 쌓였다고 하는데
이는 11월 관측 사상 가장 많은 적설량이다

눈 오는 날의 명상

1961년 5월 16일을 한국혁명기념일로 정하여
국기(國基)를 튼튼하게 하는 것이
선진국의 면모를 갖추는 첩경일 것이다
2024년으로 선진국 4년 차의 대한민국
선진국이라는 나라가 건국일(建國日)을 두고
갑론을박하는 참담함을 보이고 있는 게 현실이다
말뚝이 없다는 증거다
5·16혁명이라는 말뚝을 박아야 한다
말뚝이 없으면 소가 요동을 치게 된다
말뚝을 박아놓으면 역사학계와 정치권이
거산(擧散)하는 일은 없을 것이다

눈 오는 날의 망상

나라의 큼직한 현안들이 가득하지만
근처에도 가지 못하는 사람들이
일본인들의 야스쿠니 참배
사도광산 추도식
이런 사소한 일에 매달려
큰 것을 보지 못하는 좀생이 나라가
대한민국인지도 모르겠다
상대방의 꼬투리 잡는 일에 열중하면서
보수·진보 편에 서서 빗나가는 여론조사에
턱을 고이고 있는 언론계도
과히 호감이 가지 않는 집단이다
창밖에는 함박눈이 펑펑 내리고 있다
마치 지구를 향해 공격해오는 기세다
내가 만일 검사가 됐다면
김영삼 대통령과
조순 서울시장을 5·16혁명 주체세력에 대한
명예훼손 및 국기(國基)문란으로 기소하지 않았을까…
오만가지 잡생각을 해보았다

검찰과 야당 대충돌

검찰 최정예 조직으로 꼽히는
서울중앙지검의 수사 기능 마비가 현실화되고 있다
더불어민주당이 12월 국회본회의에서
서울중앙지방검찰청
이창수 지검장, 조상원 4차장
최재훈 반부패수사 2부장에 대한
탄핵소추인을 의결할 예정이다
탄핵안이 통과되면 헌법재판소의 심판선고 전까지
서울중앙지검 지도부 3인의 직무는 즉시 정지된다
박성재 법무부장관은 11월 27일 국회 법사위에서
"정치적 책임을 묻는 것이면 검찰사무의 최고 감독자인
법무부장관을 탄핵하거나 해임을 의결하라"고 반발했다
서울중앙지검의 중간 간부인
부장검사 33명도 이날 공동성명에서
"삼권분립의 헌법정신을 몰각한
탄핵을 즉각 중단하라"고 촉구했다

앞서 정청래 법제사법위원장 등
민주당 의원 40여 명은 기자회견을 갖고
"검찰이 이재명 대표와 비판 언론 등에 대해서는
없는 죄를 만들어 사냥하듯이 수사하면서

범죄 증거가 명백한 김건희 씨에 대해서는
변호인처럼 굴고 있다"고 발표했다
하지만 민주당은 한 달 가까이 숨고르기를 이어가다가
11월 25일 이재명 대표에 대한 위증교사 무죄 선고가
민주당에 탄핵 추진의 날개를 달아줬다는 평가다

대통령 우크라이나 특사단 접견

루스템 우메로우 우크라이나 국방부장관이 이끄는
특사단이 11월 27일 방한하면서
한국 정부의 우크라이나 무기 지원에 대한
고민이 깊어지고 있다
윤석열 대통령은 특사단을 접견한 자리에서
"북한의 러시아 파병 등 러·북 군사협력으로 인한
안보 위협에 대치하기 위해 한국과 우크라이나가
실효적인 대응 방안을 강구해 나가길 바란다"고 말했다
"우크라이나는 전례 없는 위기에 대응해
한국과의 협력을 강화해 나가길 희망한다"는
우메로우 장관의 발언에 대해서다
젤렌스키 대통령은 KBS와의 인터뷰에서
"한국에 가장 원하는 것은 방공시스템"이라며
특사단을 통해 무기 지원 요청서를 보낼 것이라고
말한 바 있다
정부가 신중한 입장을 보이는 것은
차기 트럼프 행정부의
우크라이나전 조기 종전 입장과 맞물려 있어서다

서울대 교수 시국선언

윤석열 대통령의 퇴진과 김건희 여사에 대한
특검을 촉구하는 교수 시국선언이
대학가에서 확산하는 가운데 11월 28일
서울대 교수 및 연구자 등 525명이
실명으로 시국선언문을 밝혔다
이로써 28일 현재까지 전국 98개 대학 교수들이
34개의 시국선언문을 발표했다
서울대 법대 79학번인 윤 대통령에 대해
교수 및 연구자들은
"윤 대통령과 동문이란 사실이 부끄럽다는
제자들의 대자보가 양심의 거울처럼
우리를 부끄럽게 한다"며 "서울대가 교육과 연구에서
제대로 인권과 민주주의 가치를 가르치지 못한 채
'영혼이 없는 기술지식인'을 양산해 온 것은 아닌지
참담하고 죄스러운 마음"이라고 했다

대검 민주당 비판

더불어민주당이 도이치모터스 주가조작 수사
지휘라인에 대한 탄핵을 추진하자
대검찰청이 11월 28일
"부당한 압력에 굴하지 않을 것"이라며
반대의 입장을 분명히 했다
"결과가 마음에 들지 않는다고 지휘라인을 탄핵하면
앞으로는 검사가 수사할 때 법과 원칙이 아니라
외부 정치권의 뜻에 따라 휘둘리게 될 수 있다"며
"헌법 수호라는 사명 아래 국민의 대표인
국회에 부여된 막중한 권한인 탄핵제도가
다수당의 정치적 목적을 위해
남용돼서는 안 될 것"이라고 주장했다
대검은 전국 검사를 지휘하는
심우정 검찰총장이 이끄는 곳이라는 점에서
입장문은 사실상 심 총장이 중앙지검장 탄핵 추진에
반대 입장에서 밝힌 것이란 풀이도 나온다

감사원장도 탄핵

더불어민주당은 헌정사상 처음으로
최재해 감사원장에 대한 탄핵을 추진하기로 했다
민주당은 김건희 여사의
도이치모터스 주가조작 의혹에 대해
불기소 처분을 결정한 이창수 서울중앙지검장 등
검사 3명을 비롯해 최 원장에 대한
탄핵소추안도 함께 처리하며
윤석열 정부의 사정기관을 정조준한다는 방침이다
국민의힘은 "헌정질서를 파괴하고
법치주의를 훼손하는 행태"라고 반발했다
민주당은 최 원장이 대통령실 및 관저 이전과 관련한
의혹들에 대해 "봐주기 감사를 하고 있다"고 비판해왔다
이번 탄핵안 추진에는 최근 감사원이
문재인 정부를 겨냥한 것도
영향을 미쳤다는 평가가 나온다

제3장
이재명 거야의 횡포

서울중앙지방검찰청 회신

1. 귀하가 진정(신고)한 우리 청 2024 진정 1575호 사건에 관하여 다음과 같이 결정하였으므로 통지합니다.
2. 사건번호: 진정 1575호
    결정일자: 2024.11.19.
    결정요지: 본건은 대법원장을 상대로 제기한 청원(5·16혁명 복원 청원)이 진정인의 의사대로 이행되지 아니하였으므로 이를 시정해달라는 취지로, 범죄혐의 내지 수사의 단서에 해당하지 아니함이 명백하여 공람종결하오니 양지하시기 바랍니다.
    서울중앙지방검찰청 검사 김성현

한국판 사드 개발 성공

한국판 고고도 미사일방어체계(THAAD)로 불리는
장거리 지대공유도무기(L-SAM)가
10년 만에 개발됐다
국방과학연구소는 11월 29일 L-SAM 개발 완료
기념행사를 대전 청사에서 열었다
L-SAM은 고도 40-60km에서 적의 탄도미사일은
발사 직후의 '상승단계' 외기권에서 고공비행하는
'중간단계' 고도 100km 이하 대기권으로
재진입해 목표를 향하는 '종말단계'를 거친다
L-SAM은 2015년 개발에 착수해
1조2,000억 원이 투입됐으며
내년부터 생산해 2020년대 중후반 실전배치한다
독자기술로 개발한 만큼 수출 전망이 밝다고 평가받는다

거야(巨野)의 4중 폭주

야당 검탄·감탄·특검·예산 4중 폭주…
대통령실·정부·여당과 더불어민주당이
헌법을 무기로 싸우고 있다
검사에 이어 감사원장 탄핵소추와
야당에 의한 특별검사 추천이란 대치 전선에
11월 29일 예산안까지 더해졌다

국회 예산결산특위에서
거야가 단독으로 예산안을 통과시켰다
헌정사상 초유의 일들이다
예산결산특위는 677조4,000억 원 규모
정부 원안에서 4조1,000억 원을 삭감한 수정안을
야당 주도로 통과시켰다
대통령비서실·국가안보실 특수활동비와
검찰 특정업무경비·경찰 특활비·대왕고래
프로젝트·원자로 수출 기반구축 예산 등이 삭감되었다
감사원·검찰·경찰은
"사실상 기능이 마비된다"며 삭감에 반발했었다

시리아 내전 재격화

내전 중인 시리아에서 반군이 4년 만에
최대 규모로 진격하는 데 성공했다
정부군을 지원하던 러시아이란의 영향력이
각각 우크라이나전쟁과 중동전쟁으로
약해진 틈을 노린 것이다
코로나19 팬데믹 이후 소강상태에
접어든 시리아 내전이 다시 격화하면서
서방세력과 러시아이란 등 권위주의
세력 간 대리전이 더욱 확대될 수 있다는
우려가 나온다
시리아 반군은 대규모 공세를 취해
북서부 최대 도시 알레포 인근에서
15개 이상 마을을 확보하고
지역 최대 정부군 기지인 46기지를 점령했다

감액예산안 상정 보류

우원식 국회의장은 2024년 12월 2일 오전
긴급 기자회견을 열어
"고심 끝에 오늘 본회의에 예산안을
상정하지 않기로 했다"며
"결과적으로 법정 기한(12월 2일)을 지키지 못하게 돼
국민 여러분께 대단히 송구하다"고 밝혔다
우 의장은 12월 10일까지 여야가 합의해서
내년도 예산안을 마련해줄 것을 강력히 촉구했다

감사원장 등 탄핵 열차

국회는 12월 2일 더불어민주당 주도로 발의된
최재해 감사원장·이창수 서울중앙지검장
조상원 4차장·최재훈 반부패수사2부장에
대한 탄핵안이 본회의에 보고했다
4일 본회의에서 가결되면
헌법재판소 결정이 나올 때까지 직무가 정지된다
주경호 국민의힘 원내대표는
"헌정사상 전례가 없는
거대 야당의 막가파식 횡포"라고 말했다

약육강식의 세계

요즈음 우리의 정치판을 보고 있으면
KBS의 '동물의 세계'를 보는 것 같다
약육강식(弱肉强食)의 세계
잡아먹고 잡아먹히는 동물의 세계
만물지영장(萬物之靈長)이라는 인간들
사람도 동물이니까…

비상계엄 선포

윤석열 대통령이 2024년 12월 3일 밤 10시 23분
서울 용산 대통령실에서 긴급 대국민담화를 통해
"저는 대통령으로서 피를 토하는 심정으로
국민 여러분께 호소 드린다"며
"저는 북한 공산세력의 위협으로부터
자유대한민국을 수호하고
우리 국민의 자유와 행복을 약탈하고 있는
파렴치한 종북 반국가 세력들을 일거에 척결하고
자유 헌정질서를 지키기 위해
비상계엄을 선포한다"고 발표했다
윤 대통령은 "저는 이 비상계엄을 통해
망국의 나락으로 떨어지고 있는
자유대한민국을 재건하고 지켜낼 것"이라며
"저는 지금까지 패악질을 일삼은 망국의 원흉
반국가 세력을 반드시 척결하겠다"며
"체제 전복을 노리는 반국가 세력의 준동으로부터
국민의 자유와 안전 그리고
국가 지속 가능성을 보장하며
미래 세대에게 제대로 된 나라를 물려주기 위해
불가피한 조치"라고 말하면서
"가능한 한 빠른 시간 내에 반국가 세력을 척결하고

국가를 정상화 시키겠다"고 더붙였다

윤 대통령은 담화에서 더불어민주당이
윤석열 정부 출범 후 지금까지 추진한
22건의 탄핵 시도와 내년도 예산안
단독 감액안 처리·추진 등을 거론한 뒤
"국정은 마비되고 국민들의 한숨은 늘어나
이는 자유대한민국의 헌정 질서를 짓밟고
헌법과 법에 의해 정당한 국가기관을
교란시키는 것으로서 내란을 획책하는
명백한 반국가 행위"라고 규정했다
그런 뒤 "국민의 삶은 안중에도 없고
오로지 탄핵과 특검·야당 대표의 방탄으로
국정이 마비 상태에 있다
지금 우리 국회는 범죄자 집단의 소굴이 되었고
입법 독재를 통해 국가의 사법·행정 시스템을 마비시키고
자유민주주의의 체제 전복을 기도하고 있다"고 덧붙였다

계엄사령부 포고령 제1호

비상계엄 선포는 김용현 국방부장관이
건의한 것으로 알려졌고 계엄사령관은
박안수 육군참모총장이 맡았다
윤 대통령 담화 뒤 계엄사령부는 1호
포고령을 발표했다
국회와 정당 활동 및 일체의 정치활동 금지
모든 언론과 출판 통제 등 6가지와
포고령 위반자에 대한 영장 없는 체포 및
처벌 등이 골자다
이같은 윤 대통령의 계엄 선포에 대해
야당은 물론이고 여당에서도 반발했다
국민의힘 한동훈 대표는 "요건도 맞지 않은
위법한 위헌적인 비상계엄 선포"라고 했다

여야 의원들은 4일 새벽 1시에 국회 본회의를 열고
재석 의원 190명 전원 찬성으로
비상계엄 해제 요구 결의안을 통과시켰다
헌법 제77조 5항에는
"국회가 재적 의원 과반수의 찬성으로
계엄의 해제를 요구한 때에는
대통령은 이를 해제해야 한다"고 규정하고 있다

비상계엄 선포 이후 국회에 도착한 무장 계엄군도
시민들과 대치하다가 계엄 해제 이후 철수했다
다만 계엄법상 대통령이 계엄을 해제하려는 경우에
국무회의 심의를 거쳐야 해
실제 해제까지는 시간이 걸릴 것이란 전망이다

소송질 정치의 해악

송충이는 솔잎을 먹어야 하는데
소송질이나 하던 사람들이 정치를 하니
정치도 마치 소송질 하듯 하고 있다
노무현 전 대통령
문재인 전 대통령
윤석열 대통령
한동훈 국민의힘 대표
이재명 더불어민주당 대표
조국 조국혁신당 대표 등 모두가 그들이니
정치가 '소송질 정치'가 돼가고 있음이다
고발장을 마치 영정사진처럼 가슴에 안고
법원으로 가는 광경은 일상이 되고 있다
그들에게 정치를 맡긴 국민들의 책임이
적지 않아 보이는 것을 이제 와서
소경 개천 나무라기지…

대통령 탄핵안 제출

윤석열 대통령이 선포한 비상계엄이
국회의결로 해제된 2024년 12월 4일
더불어민주당을 비롯한 야 6당은
윤 대통령에 대한 탄핵 절차에 돌입했다
민주당·조국혁신당·개혁신당·진보당·
기본소득당·사회민주당 등 야 6당은
이날 오후 윤 대통령에 대한
탄핵소추안을 발의했다
야당은 탄핵안을 5일 0시 국회본회의에 보고했다
헌법상 탄핵안은 본회의 24시간 이후
72시간 이내에 의결하도록 돼있다

윤 대통령은 4일 오후 한덕수 국무총리와
국민의힘 한동훈 대표·추경호 원내대표를 만난 자리에서
"민주당이 탄핵을 남발하는 폭거를 하니
비상계엄을 선포한 것"이라며
잘못한 것이 없다는 취지로 말한 것으로 알려졌다

친한계 탄핵은 막아야

'12·3계엄사태'로 위기에 놓인 국민의힘은
4일 오후 10시 국회에서 비상의원총회를 개최했다
야 6당의 윤석열 대통령 탄핵소추안에
대한 대책을 논의하기 위한 자리다
의원들의 시선은 우선 이날 오후
윤석열 대통령을 만나고 나온
한동훈 대표와 추경호 원내대표의 입에 쏠렸다
두 사람은 오후 5시쯤
한덕수 국무총리·주호영 국회부의장·
5선의 권영세·김기현·나경원 의원과 함께
용산 대통령실에서 윤 대통령과 1시간
30분가량 면담했다

한동훈 대표는 의총 연단에 올라
"고생 많으시다 우리를 지켜보고 있는 국민들이 있으니
며칠 더 같이 고생하자"는 취지로 짧게 말했다
추경호 원내대표는 "문제의식을 공유했고
당정 간 긴밀하게 협의를 진행하기로 했다"고 말했다
심야 의총에선 "민주당 의원들이 보내는
'탄핵 찬성 돌려' 문자 공세에 맞서
군건한 단일대오를 구축하자"는 주장이 주를 이뤘다

한 중진 의원은 "탄핵에는 확실히
단일대오로 맞서자는 목소리였다"며
"윤 대통령의 탈당 문제 역시 탄핵으로
가는 길이 될 수 있어 신중해야 한다는
의견도 적지 않다"고 전했다

이날 오전 8시에 열린 의원총회에서도
친한·친윤계를 막론하고
"탄핵은 절대 안 된다"는 주장이 대세였다
일부 중진은 2016년 12월
박근혜 전 대통령 탄핵소추안 가결 후 당이 몰락했던
'박근혜 트라우마'를 거론하며
"당시는 그 선택이 옳았다고 생각했지만
국민은 기회를 주지 않았다
탄핵의 결과는 너무 혹독했다"고 말했다
친한계 역시 신중했다
"한 대표가 배신자 프레임에 빠지거나
보수 진영이 갈라질 수 있다"는 이유에서다
친한계 박정훈 의원은 SNS에
"이재명 대표가 법의 심판을 받을 때까지
현 정부는 시간을 벌어야 한다"며
"특검을 받더라도 대통령 탄핵만큼은
반드시 막아야 한다"고 적었다
안철수 의원이 "사태의 책임을 지고

스스로 질서 있게 대통령께서 물러나실 것을 촉구한다"고
공개적으로 밝혔지만 소수의견에 가까웠다고 한다
다만 당내에선 "탄핵표결은
무기명으로 이루어지는 만큼
원내 지도부가 8표 이탈을 막는 게 가능할지
의문이란"이란 지적이다

보자기 없는 투우사

대통령 윤석열의 반헌법적 비상계엄 선포로
경제 불확실성이 커지고
국가 위신도 추락 위기를 맞았다
윤석열의 '계엄 정국'은 한밤중 6시간
만에 막을 내렸지만 경제·외교·문화적
후폭풍은 거세지고 있다
외환·금융시장이 흔들렸고
국가신인도는 크게 훼손됐다
결국 '보자기 없는 투우사' 윤석열은
투우(鬪牛)에 받혀 큰 상처를 입게 됐다
믿었던 충암고 인맥은 '보자기' 구실을 하지 못했고
1년 선배인 국방부장관 김용현은 면직되었다

트러블 메이커

친윤 일각에서 "오죽하면 그랬겠나"라는 말이 나왔듯이 이 지경으로 몰고 온 더불어민주당 이재명 대표는
멈출 줄을 모르고 있다
때론 멈출 줄도 알아야 하는데
저돌적으로 돌진하다간 낭떠러지가
있다는 사실을 모르는 사람처럼 게다가
널성한 사람도 아닌 새판을 다섯 개나
받아야 할 사람이…

참으로 모를 일이다

최근에 윤석열 대통령이 역대 대통령 중에서
존경하는 대통령으로
1위는 노무현 전 대통령이고
2위가 박정희 대통령이란 글을 보았다
그동안 윤석열 대통령은 취임 이후 늘
박정희 대통령의 업적을 높이 평가했는데
무슨 뚱딴지같은 말인가 하고 지나쳐버린 일이 있다
이번 '12·3비상계엄 사태'를 보면서
윤석열 대통령에게 9년간의 고시낭인 시절에
돌발적인 엉뚱한 성격이 형성된 것은 아닌가 하는
생각을 해 본다
강원도 낙산사 걸레 스님과도 교류가 있었다는 기사 등…
윤 대통령 특유의 즉흥적 성격이
화를 부른 게 아니냐는 분석도 있고
여권 고위 관계자 등에 따르면 평소에도
"확 계엄해 버릴까"라는 말을 종종 했다고도 한다

감사원장 탄핵 통과

최재해 감사원장과 이창수 서울중앙지검장 등
검사 3명에 대한 탄핵소추안이
2024년 12월 5일 국회 본회의에서
더불어민주당 등 야당 주도로 가결됐다
국민의힘은 로텐더홀에서 규탄대회를 열고
"헌정사에 유례가 없는 막가파식 횡포"라고 비판했다
추경호 원내대표는
"이재명 대표 방탄에 방해가 되면
국가기관·헌법기관·수사기관 할 것 없이
탄핵으로 겁박하고 기능을
마비시키려 하고 있다"고 주장했다

윤 대통령 내란혐의 수사

검찰이 비상계엄 선포와 관련해
내란 등의 혐의로 고발된
윤석열 대통령에 대한 수사에 착수했다
경찰과 공수처도 윤 대통령을 피의자로 입건하고
수사부처에 배당했다
심우정 검찰총장은 이날 퇴근길에 기자들과 만나
'내란죄 혐의에 대해 직접수사를 지시했냐'는 질문에
"법령과 절차 법과 원칙에 따라
수사 진행할 예정"이라고 말했다

미 캠벨 계엄 비판

윤석열 대통령의 비상계엄 선포에 대해
12월 4일 미국 토니 블링컨 국무장관
커트 캠벨 국무부부장관
제이크 설리번 백악관 국가안보보좌관 등
미 외교안보 고위 당국자들은
일제히 우려의 목소리를 냈다
이들은 "한국 민주주의의 견고함이 확인됐다"면서도
윤 대통령이 28,500명의 주한미군을 주둔시키고 있는
미국에 아무런 통보 없이 군대를 동원한
계엄에 나선 것에 우려를 감추지 못했다

특히 백악관 아시아태평양조정관 시절부터
'아시아 차르'로 불리는 캠벨 부장관은
"최근 24시간 동안 한국에서 일어난 일은
지금까지와는 완전히 다른 예측할 수도
예상하지도 못했던 일"이라며
"윤 대통령이 심각하게 오판했다고 생각한다"고 밝혔다
그는 또 "사람들이 거리로 나와 조치가
심대하게 불법적인 과정이며
국민의 뜻에 맞닥뜨리게 될 것이라는 점을 분명히 한 건
한국 민주주의의 견고함에 대한 상징"이라고 말했다

캠벨 부장관은 지난해에 열린
한미일 캠프 데이비드 정상회의를 이끄는 등
조 바이든 행정부의 아시아정책을 주도해 온 핵심인사다

박정희 대통령 동상제막식

박정희 대통령 동상이 2024년 12월 5일
경상북도 안동시 경북도청 앞 천년숲 광장에 세워졌다
박정희동상건립추진위원회가 주최한 이날 제막식에는
관련단체 인사와 시민 등 2,000여 명이 참석했다
동상은 높이가 8.2m에 달한다
앞면 하단에는
'오천년 가난을 물리친 위대한 대통령 박정희'라는 글이
뒷면 하단에는 그의 생전 어록이 각각 새겨졌다
추진위는 지난해 11월 출범한 지 1년 만에
추진위원 7,000여 명과
일반 국민 13,000여 명 등 이 성금을 모았다
김형기 추진단장은 "박정희 대통령은
가난의 굴레를 끊고 10대 경제대국을 일궈냈다"며
"동상 건립을 계기로 흩어진 민심을 모으고
자라나는 세대에게도
자긍심이 솟아나길 바란다"고 밝혔다
윤석열 대통령은 축하 화환을 보냈다

충암고 부끄러운 졸업생

윤석열 대통령과 김용현 국방부장관의 모교인
서울 충암고 이사장이 윤 대통령과 김 장관을 두고
'부끄러운 졸업생'이라고 비판했다
윤 대통령은 충암고 8회 졸업생이며
계엄령을 건의한 김용현 장관은 충암고 1년 선배고
이상민 행정안전부장관은
윤 대통령의 충암고 4년 후배다
윤명화 충암학원 이사장은 12월 5일 자신의 페이스북에
"윤석열과 김용현 등을
충암고의 부끄러운 졸업생으로 백만 번 선정하고 싶다
국격 실추에 학교 명예까지 실추시킨다"고 밝혔다
윤 이사장은 "교무실로 하루 종일 항의 전화가 빗발쳤고
스쿨버스 기사들에게
지나가는 사람들이 시비를 걸었다고 한다"며
"교명을 바꿔 달라는 청원까지 있었다
충암고 학생들이 무슨 마음고생인지"라고도 했다

프랑스 내각 붕괴

프랑스 하원이 12월 4일
미셸 바르니에 총리가 이끄는 행정부에 대한
불신임안을 통과시킴으로써
9월 5일 취임한 바르니에 총리가 속한 현 내각은
3개월 만에 총사퇴했고
1958년 설립된 제5공화국 역사상
최단명 정부로 남게 됐다
프랑스 정부가 하원의 불신임안 가결로 붕괴한 건
1962년 조르주 퐁피두 당시 총리 이후 62년 만이다
야권 일각에서는 에마뉘엘 마크롱 대통령의
퇴진까지 요구하고 있다
프랑스의 정치적 혼란은 유럽을 포함한 국제 정세에도
상당한 영향을 미칠 것으로 보인다
우크라이나 전쟁 장기화
유럽에 방위비분담금 증액을 압박하는
도널드 트럼프 미국 대통령 당선인의 재집권 등으로
EU의 양대 강국이 모두 정치적 혼란을 겪으면서
전 유럽이 영향을 받을 것이란 전망이 나온다

윤 대통령 버티기 돌입

비헌법적 비상계엄선포로 내란 혐의가 제기된
윤석열 대통령이 12월 5일
사의를 표명한 김용현 국방부장관을 면직하고
후임으로 최병혁 주사우디아라비아 대사를 지명했다
계엄사령관을 맡았던
박안수 육군참모 총장 사의는 반려했다
이날로 예상했던 대국민 담화는 하지 않았고
계엄사태에 대한 사과 등 입장을 내놓지도 않았다
비상계엄 선포에 문제가 없다는 인식을
고집하며 '버티기'에 들어갔다는 해석이 나온다

제4장
망국의 법조인 정치

조기대선 패배 트라우마

한동훈 국민의힘 대표는 12월 5일
윤석열 대통령 탄핵소추안 표결과 관련해
"준비 없는 혼란에 따른 국민과
지지자들의 피해를 막기 위해
통과되지 않도록 노력하겠다"고 밝혔다
한 대표가 대통령 탄핵과 관련해
명백한 입장을 밝힌 건 이번이 처음이다

전날 국민의힘은 의원총회를 열고
탄핵 반대를 당론으로 채택했다
'조기 대선은 필패'라는 인식으로
탄핵만은 막아내야겠다는 게 여당의 입장이지만
이탈표가 나올 가능성도 있다
한 대표는 최고위원회의에서
"대통령의 위헌적인 계엄을 옹호하려는 것이 아니다"며
이같이 말했다
그는 "대통령은 '더불어민주당의 폭거 때문에
어쩔 수 없이 비상계엄을 한 것'이라고 말했다"며
"이 사태에 대한 대통령의 인식은
저의 인식·국민의 인식과 큰 차이가 있었고
공감하기 어려웠다"고 지적했다

그럼에도 탄핵에 반대하기로 한 것은
조기 대선이 치러질 경우
이재명 민주당 대표에게 권력을 헌납할 가능성이
크다는 점을 고려했다는 평가다
그는 "범죄 혐의를 피하기 위해 정권을
잡으려는 세력은 막아야 한다"고 했다
정통 보수층이 박근혜 전 대통령 탄핵에
대한 '트라우마'를 지닌 점도 작용한 것으로 풀이된다

길어지는 대통령의 침묵

윤석열 대통령이 5일 오전 계획했던
대국민담화를 취소했다
담화를 통해 직접 국민에게 계엄을
선포한 이유를 설명하려 했지만
참모진이 국회 탄핵안 표결 때까지는
침묵을 지키는 게 좋겠다고 만류한 것으로 알려졌다
여권에 따르면 대통령은 대국민담화에서
지난 3일 심야에 비상계엄을 선포한 배경 등에 관해
직접 설명할 계획이었다
하지만 대통령실 참모들은 지금 시점에
대통령이 담화를 하면
탄핵 여론을 더 키울 수 있다고 판단해
대통령을 설득한 것으로 전해졌다
대통령실은 다음 주 윤 대통령이 대국민 사과를 하고
향후 상황 수습 방안 등을 설명하는 쪽으로
준비하고 있는 것으로 알려졌다

대통령실 참모는 7일로 예정된
국회 본회의만 지켜보는 상황이다
대통령실 업무도 사실상 마비 수준이라는 전언이다
한 수석 비서관은 "대통령이 왜 비상계엄을 선포했는지

그 이유를 나도 잘 모르겠다"고 했다

고위 참모진도 계엄 선포 결정을 이해하지 못하고 있고 이미 마음이 떠났음을 시사하는 발언으로 해석된다

민노총 총파업

민주노총이 윤석열 정권 퇴진을 내건
총파업 돌입을 결의했다
비상계엄 사태를 기회로 8년 전처럼
촛불 정국을 주도해
자신들의 '입맛에 맞는 정부를 탄생시키겠다는
속내가 아닌지 의심스럽다
전국철도노동조합은 5일부터 무기한 총파업에 들어갔다
6일에는 서울교통공사노조의 파업과
탄핵 촉구 총파업대회가 예고돼 있다
7일엔 윤 정권 퇴진 3차 총궐기대회도 연다
11일엔 민주노총 산하 최대산별노조인
금속노조가 총파업에 들어간다
고달픈 시민을 볼모로 한 파업이거나
조합원 후생과는 관계가 없는 정치파업이다

민주노총은 2016년 박근혜 대통령을 탄핵으로 이끈
촛불집회 중심 역할을 했다
조직 역량과 자금을 총동원해
그 덕분에 탄생한 문재인 정부에서는
일등 공신을 자처해 촛불청구서도 내밀었다
① 가파르게 오른 최저임금

② 비정규직의 정규직화
③ 주 52시간 근로제
당시 민주노총이 챙긴 전리품이다

경기악화와 미국의 도널드 트럼프 정부 출범에
초긴장 상태인 기업들엔 그야말로 설상가상이다
기업이야 어찌 되든 말든 다시 '노동 권력'을 누리기 위해
파업으로 촛불을 키우려 한다면
국민도 조합원도 등을 돌릴 것이라는 게
한국경제 신문의 사설이다

조희대 대법원장의 역할

더불어민주당 이재명 대표가
5개의 재판(사법리스크)으로 울고 싶을 때
뺨 때려준 윤석열 대통령이
고마울 수도 있을 것 같다
세상은 요지경 속이다
대통령이 내란죄에 시달리는 나라
선진국 대한민국의 정치적 시련이다

반사이익으로 야당의 이재명 대표가
승기를 잡았다고 보기에도 아직 일러
다섯 번의 고비가 남아있다
자중할 일인데도 너무 나가는 것 같아
대한민국 앞날이 걱정 되고 있다
이를 수습해야 하는
조희대 대법원장의 책임이 막중해진다

등 돌린 한동훈

윤석열 대통령 탄핵소추안의 국회 본회의
표결을 앞둔 12월 6일 한동훈 국민의힘 대표가
"윤 대통령의 조속한 직무집행 정지가
필요하다"고 하면서 탄핵 쪽으로 확 기울었다
윤석열 대통령과 한동훈 대표와의 회동이 있던 시기엔
둘 사이 공감대가 형성되는 게 아니냐는
기대감이 생겼으나 이내 아닌 것으로 드러났다
이렇듯 몇 차례 요동을 거치며
국민의힘과 더불어민주당 그리고 윤 대통령
모두 막다른 길에 몰렸다
6선의 조경태 의원이 여당 의원 중 처음으로
탄핵 찬성 입장을 표명하고 안철수 의원도
윤 대통령의 퇴진 계획을 밝히지 않을 경우
탄핵안에 찬성하겠다는 입장을 밝혔다

다 잡아들여 싹 정리하라

윤석열 대통령이 비상계엄 선포 당일
이재명·우원식·한동훈·김민석·박찬대·정청래·
조국·김어준·김명수·권순일·선관위원·
노총위원장 등 정치인을 체포하라고
지시했다는 의혹이 불거진 가운데
홍장원 국가정보원 1차장이 윤 대통령으로부터
"이번 기회에 다 잡아들여 싹 다 정리해"라며
"국정원에도 대공수사권을 줄 테니
우선 방첩사령부를 도와서 지원해
자금·인력을 무조건 도우라"고 말했다고
면담에 배석한 더불어민주당 김병기 의원이 전했다

이재명 윤 내란범죄

이재명 더불어민주당 대표는 12월 6일
윤석열 대통령을 향해
"민주주의 헌정질서를 자신의 사적 이익과
권력 강화·유지를 위해 남용한
명백한 국가 내란범죄 수괴"라며
조속한 수사를 촉구했다
이 대표는 한동훈 국민의힘 대표가 이날
"윤 대통령의 조속한 직무 집행정지가 필요하다"며
탄핵 찬성을 시사한 데 대해
"늦었지만 참으로 다행스럽게 생각한다"고 환영했다

여당 중진들 탄핵 반대

한동훈 대표가 12월 6일
'윤석열 대통령의 직무정지가 필요하다'며
사실상 탄핵 찬성 입장을 밝혔지만
여당에선 '탄핵할 수 없다'는 기류가
여전히 우세하다
박근혜 전 대통령의 이은 또 한 번의 탄핵은
회복할 수 없는 '보수진영 괴멸'로
이어질 것이라는 우려에서다

한동훈 대표가 최고위원회에서
'탄핵 반대' 당론을 사실상 뒤집었지만
이에 동조한 이는 6선의 조경태 의원과
4선의 안철수 의원뿐이었다
대부분 중진은 탄핵에 부정적인 입장을 나타냈다

5선의 윤상현 의원은 "이대로 당장 대통령을 탄핵해
이재명 대표와 민주당에 정권을 헌납할 수 없다"며
"윤 대통령을 지키기 위해서가 아니라
대한민국 체제 또 미래 우리 아이들을 위해
대통령 탄핵에 동참할 수 없다"고 밝혔다

5선의 나경원 의원은
"우리가 조금 더 상황과 진실을 파악해 봐야 할 때"라며
"이미 당론으로 탄핵 반대 입장은
정해져 있다"고 강조했다

5선의 권영세 의원 역시
"일각의 민심으로부터 받게 될 비판과
책임을 피하기 위해 탄핵에 가담한다면
보수진영 전체의 존립이 크게 흔들릴 것"이라며
"탄핵에 분명히 반대한다"고 밝혔다

5선의 김기현 의원은
"대통령 탄핵이 어린아이 손바닥 뒤집듯 할 수 있는
가벼운 사안이냐"며 "이번에도 우리 손으로 만든
대통령을 우리 손으로 탄핵한다면
다음번에 또다시 우리에게 표를 달라고
국민에게 말조차 할 수 있겠냐"고 반문했다

대선주자로 꼽히는 오세훈 서울시장은
"책임 있는 집권 여당으로서 지금 해야 할 일은
국민의 불안을 해소하고
국정을 수습하는 일"이라고 밝혔다
원희룡 전 국토부장관도
"또 한 번의 탄핵은 회복할 수 없는

대한민국의 분열로 이어질 것"이라고 강조했다
의원총회에서도 대체적으로
"탄핵은 좀 빠르다"는 이야기가 많았던 것으로 전해졌다

여당 시도지사협의회

국민의힘 소속 시도지사협의회는
윤석열 대통령을 향해
"책임총리가 이끄는 비상거국내각을 구성하고
2선으로 물러나라"고 12월 6일 촉구했다
다만 대통령 탄핵에는 반대하며
"질서 있는 퇴진"에 힘을 실었다

성명에는 협의회장인 유정복 인천시장
오세훈 서울시장· 박형준 부산시장
홍준표 대구시장· 이장우 대전시장
김두겸 울산시장· 최민호 세종시장
김진태 강원도지사· 김태흠 충남도지사
이철우 경북지사· 박완수 경남지사가 참여했다
이들은 "대통령 탄핵만은 피해야 한다
더 이상의 헌정 중단 사태을 막아야 한다"고 강조했다
이는 한동훈 대표가 "대통령의 조속한
직무정지를 주장한 데 따른 것이다

숨죽인 공직사회

윤석열 대통령에 대한 탄핵 절차가 시작되자
공직사회가 일제히 업무를 손에서 놓고
결과를 주시하고 있다
박근혜 전 대통령 탄핵 후
적폐청산을 지켜본 경험 때문에
공직사회의 복지부동이 더 두드러진다는 것이다
한 관계자는 "다른 사람들이 볼 수 있는 장소에서
공무원들이 술을 먹고 있는 게 눈치가 보인다"며
"개인 약속들은 대부분 취소했고
당분간 약속도 잡지 않을 계획"이라고도 했다

윤 대통령 후퇴 담화

"임기 문제를 포함해 앞으로의
국정 안정 방안을 우리 당에 일임하겠다"
윤석열 대통령이 2024년 12월 7일
대국민 담화를 통해
"향후 국정 운영은 우리 당과 정부와
함께 책임지고 해나가겠다"며
이 같이 밝힌 것이다
윤 대통령은 담화에서
"비상계엄 선포는 국정 최종 책임자인
대통령으로서의 절박함에서 비롯됐다
그 과정에서 국민들께 불안과 불편을 끼쳐드려
매우 송구스럽게 생각하며
많이 놀라셨을 국민 여러분께
진심으로 사과드린다"고 말했다
윤 대통령은 또 "제2의 계엄은 결코 없을 것"이라며
"계엄 선포와 관련해 법적·정치적
책임 문제를 회피하지 않겠다"고 했다

대통령 탄핵안 폐기

윤석열 대통령의 첫 번째 탄핵소추안이
의결 정족수 미달로 12월 7일 폐기됐다
국회는 7일 본회의에서 김건희 특검법에 대한
세 번째 재표결 투표를 진행했으나
투표 결과 재석 의원 300명 중
찬성 198표 반대 102표로 부결됐다
대통령의 거부권 행사로 재의결에 부쳐진
특검법이 통과되기 위해서는
재석의원 중 과반의 출석과
출석의원 3분의2 이상의 찬성이 필요한데
2표가 모자라 부결됐다
국민의힘 의원이 108명인 것을 고려하면
최소 6명이 '특검법 부결' 당론에도
불구하고 찬성표를 던진 것으로 보인다

올 2월 첫 특검법 재표결 당시에는
출석 의원 281명 중 찬성 171명
반대 109명 무효 1명으로 부결되었다
10월 두 번째 특검 재표결 때는
출석 의원 300명 중 찬성 194명 반대 104명
기권 1명 무효 1명으로 폐기된 바 있다

시리아 내전 종식

시리아의 이슬람 수니파 무장 조직
하야트 타흐리르 알샴(HTS)이 주도하는 반군이
수도 다마스쿠스를 장악하고
54년째 대물림해온 아사드 독재정권이
붕괴됐다고 선언했다
부친 하페스 알 아사드를 이어
24년간 철권통치를 해온 바샤르 알 아사드 대통령은
도피 중 사망했을 가능성도 제기됐다
2011년 '아랍의 봄'을 계기로 시리아에
피비린내 나는 내전이 시작된 지 13년 만이다
외신들은 시리아 정부군을 지원해온
이란·헤즈볼라·러시아가 각각
이스라엘과의 전쟁
우크라이나 전쟁으로 지원 여력이 부족해진 것을
반군의 승리 원인으로 꼽으며
"두 개의 먼 전쟁이 시리아의 운명을 바꿨다"고 했다

트럼프 세상이 미쳐간다

12월 7일 프랑스 정부 공식 초청으로
파리 엘리제궁을 방문한 트럼프 당선인은
에마뉘엘 마크롱 프랑스 대통령과
젤렌스키 우크라이나 대통령을 만났다
트럼프 당선인이 러시아·우크라이나 전쟁과 관련해
"지금 세상이 미쳐가는 것 같다"고 말했다
시리아 내전에 대해선
"우리 싸움이 아니다"며
개입하지 않겠다는 뜻을 밝혔다
취임 전부터 '미국 우선주의'에 입각한
고율의 관세 부과 방침을 발표한
트럼프 당선인이 외교 분야에서도
미국의 직접적 이해에 반하는 사안과는
철저히 거리를 두겠다는 원칙을
시사했다는 평가가 나온다

한국 안전한가요

K헬기 · 무기 사려던
키르기스스탄 · 스웨덴 정상 발길 돌렸다
12월 4일 사디르 자파로프 키르기스스탄
공화국 대통령이 경상남도 사천에 있는
한국항공우주산업을 방문하려던 일정을 취소했다
울프 크리스테르손 스웨덴 총리의 방한이 취소되면서
예정된 한국 기업과의 비공개 면담도 무산됐다
윤석열 대통령의 비상계엄 사태에서
시작된 정치적 혼란의 여파다
현재 국내 주요 방산업체의 수주 잔액은
80조 원으로 사상 최고를 기록 중이다

안 통하는 한동훈 해법

윤석열 대통령에 대한 국회의 탄핵소추안이
부결된 지 하루 만에 정치권 전체가
혼돈의 수렁에 빠졌다
한동훈 국민의힘 대표는 한덕수 국무총리와 함께
12월 8일 오전 11시 국민의힘 당사에서 기자회견을 열고
"질서 있는 대통령 조기 퇴진으로 정국을 수습하겠다"며
"윤 대통령은 퇴진 전이라도 외교를 포함
국정에 관여하지 않을 것"이라고 말했다
한 대표는 "윤 대통령의 퇴진 전까지
국무총리와 당이 긴밀히 협의해 민생과
국정을 차질 없이 챙길 것"이라며
"주 1회 이상 국무총리와의 회동도
정례화할 것"이라고 말했다
대통령과 총리가 주례회동하듯
자신이 한 총리와 국정을 챙기겠다는 선언이었다

그러나 한 대표 회견 4시간 만에 행정안전부는
"윤 대통령이 이상민 장관의
사표를 수리했다"고 발표했다
윤 대통령이 인사권을 행사한 것이다
12·3계엄사태 이후 전원 사의를 표한

대통령실 참모와 내각 구성원 중 윤 대통령이 사표를 수리한 사람은 충암고 선후배인 김용현 국방부장관과 이상민 장관이다 문제는 한덕수 총리나 한동훈 대표가 탄핵이나 하야 등 대통령의 궐위 없이 대통령의 권한을 위임할 법적 근거를 찾기 어렵다는 데 있다

윤 대통령 내란혐의

검찰이 '12·3 비상계엄 사태'의 핵심 인물인
김용현 전 국방부장관을 긴급 체포하고
윤석열 대통령을 내란 혐의 피의자로 전환했다
경찰은 김 전 장관의 국방부 집무실과
공관 등을 압수수색하고 인력을 150명으로 보강했다
윤 대통령을 비롯해 이번 비상계엄 사태 연루자의
검·경 수사가 급물살을 탔다는 분석이 나온다
박세현 검찰 비상계엄 특별수사본부장(서울고검장)은
12월 8일 "윤 대통령을 직권남용죄와
내란죄 혐의 피의자로 입건 수사 중"이라며
"지위 고하를 막론하고 법과 원칙에 따라
엄정하게 수사를 진행하고 있다"며
"국민 여러분께서는 믿고
지켜봐 주시기를 바란다"고 밝혔다

박세현 특수본부장

윤석열 대통령의 불법 비상계엄 선포 사건을 수사 중인
검찰이 12월 8일 김용현 전 국방부장관을
내란 등 혐의로 긴급체포하며 강제수사에 착수했지만
야권은 경찰과 특검에 수사를 맡겨야 한다고
공세를 펼쳤다
특히 비상계엄 특별수사본부장을 맡은
박세현 서울고검상(49)이 국민의힘 한동훈 대표의
고교·대학 후배란 게 논란이 되고 있다
박 본부장은 서울 현대고·서울대 법대를 졸업한 뒤
사법연수원 29기로 검찰에 들어왔다
고교와 대학 모두 한동훈 대표의 후배다
조국혁신당 조국 대표는 8일
"혹시 윤석열과 한동훈 대표 사이에
밀약이라도 한 게 아니냐"며
"내란죄는 검찰의 업무 범위에도 들어가지 않는데
검찰이 편법 수사하고 있다"고 했다

윤 대통령 출국금지

윤석열 대통령이 현직 대통령으로서는
사상 최초로 출국 금지됐다
'12·3비상계엄 사태' 이후 6일 만이다
공수처는 12월 9일 윤 대통령에 대해
내란·직권남용 등 혐의를 적용해
주무 부처인 법무부에 출국금지를 신청해
법무부는 이를 승인했다
오동운 공수처장은 국회 법사위에 출석해
"적극적으로 수사하고
신병 확보에 노력하고 있다"고 말했다

아사드 러시아 망명

시리아를 24년간 철권 통치해온
바샤르 알아사드 대통령이
시리아 반군의 수도 다마스쿠 점령 직전인
12월 8일 러시아로 망명했다
알아사드의 해외 도피로 2대 54년째 이어진
아사드 가문의 독재 통치도 막을 내려
중동의 역학 관계도 급속히 재편될 조짐이다
튀르키에와 이란이다
두 나라는 이스라엘 정책에선 같은 노선을 취하면서도
튀르키에는 시리아 반군을
이란은 아사드 정권을 지지하는 상반된 노선을 걸었다
이스라엘은 가장 큰 반사이익을 얻었다

정적에 휩싸인 용산

윤석열 대통령은 지난 7일 대국민담화를 통해
비상계엄 사태에 대해 사과한 뒤
침묵을 이어가고 있다
대언론 공지 등 외부를 향한
대통령실의 메시지도 사라졌다
비상계엄 사태 이후 여론은
대통령 즉각 탄핵을 원하고 있다
반면 한동훈 국민의힘 대표와 한덕수 국무총리는
탄핵을 거부하며 윤 대통령의 '질서 있는 조기 퇴진'
프로그램 가동에 들어갔다
여론의 관심은 윤 대통령의 자진 사퇴 여부와
시점에 모아지고 있지만
대통령은 침묵하며 버티고 있다

민주당의 내란특검법

더불어민주당이 윤석열 대통령에게
내란죄 책임을 묻기 위한
카드를 총동원하고 있다
민주당은 12월 9일 12·3비상계엄 사태와 관련한
의혹 일체를 수사하는 '윤석열 내란 특검법'을 발의했다
쌍특검(일반특검·상설특검)과 국정조사·형사고발 등
3중 신상규명 추진을 본격화했다

제5장
대한민국 비상사태

대미 외교 빨간불

도널드 트럼프 미국 행정부 출범(2025. 1. 20.)
41일을 앞두고
윤석열 대통령의 비상계엄 선포 여파에 따른
정국 혼란으로 대미 외교의 틀이 흔들리고 있다는
우려가 커지고 있다
외교 소식통은 12월 9일 "대 트럼프 외교는
정상외교가 정말 중요하다"면서
"회담 조율의 기본인 정치적 안정성 측면에서
정말 좋지 않은 상황"이라고 했다

대한민국이 살려면

대한민국이 살기를 원한다면
이재명 더불어민주당 대표를 먼저 퇴출한 후에
윤석열 대통령을 탄핵하는 게 순서라고 생각한다
이재명 대표 퇴출 없이
윤석열 대통령부터 탄핵하는 건
나라를 망치겠는 발상이고
대법원 석소 선물 벽에 새겨진
'자유·평등·정의'에도 부합하지 않는 것은 물론
순서가 바뀌면 공멸할 수 있기 때문이다
이는 5천 년 역사의 직관(直觀)이다

감액 예산 통과

2024년 12월 10일 헌정사상 처음으로
정부와 여당이 반대한 야당 주도의
'감액(減額)예산안'이 국회를 통과했다
극단적 정치 대립이
나라의 한 해 살림살이마저 합의하지 못한 채
다수당이 일방 처리하는
비정상적 상황을 초래했다는 비판이다
국회 본회의에서 673조3000억원 규모의
내년도 예산안을 의결한 것이다
당초 정부가 국회에 제출한 예산안
677조4,000억 원에서 4조1,000억 원 줄었다
대통령실·검찰·경찰·감사원 등 권력기관의
특수활동비 등이 전액 삭감됐다

경제전문가 긴급 제언

국내 경제학자들이 비상계엄 선포와
탄핵 정국으로 촉발된 정치적 불확실성이
경제위기로 확산하는 것을 막아야 한다고
일제히 촉구했다
경제팀을 중심으로 흔들리는
대외 신인도를 확고히 지키고
내수를 부양할 소비진작 대책을
서둘러 마련해야 한다고 제안했다
경제학자들은 비상계엄 사태 이후
악화하는 소비와 투자심리를 살리려면
거대야당(巨大野黨)이 정부 경제팀을
전폭 지지해야 한다고 입을 모았다

李·曺 재판은 그대로

이재명 더불어민주당 대표와 조국
조국혁신당 대표와 관련된 법원 심리와
판결이 예정대로 이뤄지게 됐다
지난주 '계엄 사태에 따른 정치적 상황을
이유로 심리와 판결을 연기해 달라고 했던
두 대표의 요구가 받아들여지지 않은 것이다
이재명 대표는 12월 10일 대장동·백현동·
위례신도시 개발 비리·성남FC 사건을 심리하는
서울중앙지방법원 형사합의 33부
(부장판사 김동현)에 출석했다
자녀 입시비리·청와대 감찰 무마 등의 혐의로
2심까지 유죄 판결을 받은 曺 대표는
12월 12일 대법원 판결에 출석한다

비상경제협의체 구성하자

이재명 더불어민주당 대표가
12월 10일 정부와 여당에
'여야정 비상경제점검회의' 구성을 제안했다
최상묵 부총리 겸 기획재정부장관은
언론 공지를 통해 "협의체가 구성되면
정부는 적극 참여 하겠다"고 밝혔다
나만 국민의힘은 제인과 관련해
별다른 입장을 밝히지 않았다
이번 '12·3비상계엄'은 윤석열 대통령의 패착(敗着)이지
이재명 대표의 승리(勝利)는 아니라는 것을
분명히 할 필요가 있다
그가 마치 개선장군인 것처럼
행세하는 것도 안 좋아보인다
윤석열 대통령을 탄핵하기 전에
줄줄이 재판에 시달리면서
자신의 '방패 국회'로 전락시킨
이재명 대표의 책임을 묻는 것이 국가를 위해서
그리고 형평성 차원에서도 도움이 될 것으로 생각한다
조희대 대법원장 판단에 기대를 해본다

염려되는 국민감정

'돈 되는 장사'가 있다고 하면
우르르 몰려 사업을 시작했다가
한꺼번에 폭삭 망하는 국민 감정이 우려스럽다
충암고등학교가 무슨 죄가 있나?
윤석열 대통령의 모교인 충암고등학교 재학생들이
학교와 학생을 향한 비난을 멈춰달라고
SNS에 공식 입장문을 냈다
"12·3사태로 인한 시민의 분노는
충암고 학생회 또한 백번 공감하고 있다"며
"대통령 및 논란의 인물들은
충암고를 졸업한 지 40년이나 지난 졸업생이고
충암고를 잠시 거쳐간 인물일 뿐 재학생과
아무 관련이 없다"고 했다
학생회는 "부디 충암고와
재학생을 향한 비난을 멈춰주시고
학생들이 안전하게 자신들의 미래를 꿈꾸고
떨쳐나가도록 도와주시기를 간곡히 부탁드린다"고 했다
중구난방(衆口難防)은 선진국(先進國)
국민들에게는 어울리지 않는 고질병이다

총선패배 뒤 계엄 꺼내

'12·3 비상계엄 사태'를 수사 중인
검찰특별수사본부(특수본·본부장 박세현 서울고검장)는
윤석열 대통령이 지난 4월 총선에서 여당이 참패한 뒤
계엄 선포를 언급하기 시작했고
같은 뜻을 내비치는 발언을
여러 차례 했다는 진술을 확보했다
여인형 국군방첩사령관은 12월 10일
특수본 소환조사에서 '비상계엄의 사전
징조를 인지하고 있었냐'는 질문에
"총선이 끝나고 초여름에 대통령과
식사 자리가 있었는데
시국을 걱정하는 이야기를 하면서 격해지다가
계엄 이야기를 꺼내셨다"고
진술한 것으로 12월 11일 파악됐다

대통령실 압수수색

'12·3비상계엄 사태' 수사가 주범으로 지목된
윤석열 대통령의 코앞까지 다달았다
경찰은 12월 11일 조지호 경찰청장 등
경찰수뇌부를 긴급체포한 데 이어
같은 날 대통령실을 대상으로 강제수사를 시도했다
검찰은 군에 대한 강제수사를 시도하고
군에 대한 압수수색을 이어가며 수사에 속도를 내고 있다
비상계엄 사태 이후 윤 대통령을 대상으로 한
첫 강제수사 시도였다
하지만 이날 대통령실 압수수색은 6시간 가까이 대치했다
경찰은 "경호처로부터 자료를 극히 일부
임의 제출받았다"고 밝혔다

윤 대통령 탄핵까지 버틴다

윤석열 대통령과 참모들이
헌법재판소에서 탄핵안을 다뤄볼 만하다는
분위기인 것으로 12월 11일 전해졌다
윤 대통령이 여당에서 요구하는
자진 하야를 수용할 가능성은 거의 없다
여권 핵심 관계자는 "탄핵해도 다뤄볼 만하다는
용산 분위기는 계속 듣고 있다"며
"윤 대통령이 계속하는 얘기가
'내가 뭘 잘못했느냐'라는
주장을 하는 것"이라고 말했다

노벨상 시상식

소설가 한강(54)은 12월 10일
'2024년 노벨상 시상식'이 열린
스웨덴 스톡홀름 콘서트홀에서
칼 구스타프 16세 스웨덴 국왕으로부터
노벨상 메달과 증서를 받았다
한강은 123년 노벨문학상 역사상 첫 한국인 수상자이자
아시아 여성 수상자가 됐다
한강이 받은 금메달은
알프레드 노벨(1833-1896)의 얼굴이
뒷면에는 한강의 이름이 새겨져 있다
모든 노벨 수상자들이 증서를 받는데
문학상은 다른 증서들과 달리 특별하다
양피지(羊皮紙)로 만들어졌기 때문이다
노벨상 상금은 노벨 재단이 운영하는
기금의 수익에 따라 약간씩 변동되는데
올해의 경우 1,100만 마르크(약 14억 원)인 것으로 전해졌다

정치색 옅어지는 집회

"우리는 대통령의 불법 계엄을 규탄하러 나온 것이지
좌우 어느 진영을 편들고 나온 게 아니잖아요"
최근 국회 앞에서 열린
'12·3 불법 비상계엄' 규탄 집회에 참석한 한 시민은
"좌우 특정 진영의 정치적 발언이 나오면
눈살이 찌푸려진다"며 이렇게 말했다
집회 현장에는 단상 위에 올라간 발인자가
계엄이나 탄핵과는 무관한
특정 이념에 대해 말하기 시작하자
시민들이 "내려와! 내려와!"라고
소리치는 상황이 벌어지고 있다
특정 정당이나 노동단체 깃발은
과거보다 줄어든 대신에 대학생이나 시민들이
야광봉이나 아이돌 응원봉을 들고 나오는
모습이 많이 포착됐다

조국 징역 2년 확정

2024년 12월 12일 자녀 입시비리 혐의 등으로
기소된 조국 조국혁신당 대표 사건
대법원 상고심 재판에서 징역 2년이 확정됐다
검찰은 조 대표에게 형 집행을 위해
13일까지 출석하라고 통보했다
조 대표는 "선고를 겸허히 받아들인다"고 했다
조 대표가 2019년 문재인 정부 법무부장관에 임명된
전후로 터져 나온 이른바 '조국사태'로
같은 해 12월 기소된 지 5년 만에 최종 결론이 내려져
2024년 4월 총선을 앞두고 창당한 뒤
국회위원에 당선한 조국 대표는 의원직을 잃었으며
형 집행 종료 후 5년까지 더해
7년간 피선거권이 제한된다

윤 대통령 계엄은 통치행위

윤석열 대통령의 선택은 강공이었다
'광란의 춤' 등 용어는 더 격해졌다
국회 탄핵소추안 2차 표결을 앞둔
2024년 12월 12일 윤 대통령은 대국민 담화에서
12·3비상계엄 사태가 정당하다고 주장하면서
"저를 탄핵하든 수사하든
저는 이에 낭낭히 맞설 것"이라며
대통령직 수행 의지를 강조했다
윤 대통령은 담화에서
"지금 야당은 비상계엄선포가 내란죄에 해당한다며
광란의 춤을 추고 있다"
"어떻게든 내란죄를 만들어 대통령을 끌어내리기 위해
수많은 허위 선동을 만들어내고 있다"고 했다
그러면서 "도대체 2시간짜리 내란이라는 것이 있느냐"며
"질서유지를 위해 소수의 병력을 잠시 투입한 것이
폭동이란 말이냐"고 주장했다
윤 대통령은 "대통령의 법적 권한으로
행사한 비상계엄 조치는
대통령의 고도의 정치적 판단이고 오로지 국회의
해제요구만으로 통제할 수 있는 것"이라며
"대통령의 헌법적(憲法的) 결단이자 통치행위(統治行爲)가

어떻게 내란이 될 수 있느냐"고 주장했다
그러고는 "대통령의 비상계엄 선포권 행사는
사면권 행사 · 외교권 행사와 같은
사법 심사의 대상이 되지 않는 통치행위"라고 강조했다
"국민들에게 망국(亡國)의 위기 상황을 알려드려
헌정질서(憲政秩序)와 국헌(國憲)을 지키고
회복(回復)하기 위한 것"이라는 논리도 폈다

국민의힘 난타전

"비상계엄 선포는 통치행위"라는 12일
윤석열 대통령의 대국민 담화에 여권의 내전은
전면전으로 치달았다
한동훈 대표는 윤 대통령 탄핵에
공개 찬성 의사를 밝히고
윤 대통령을 제명·출당하기 위한
낭 윤리위원회를 소집했다
그러나 친윤계가 똘똘 뭉쳐 이날 새로
선임된 권성동 신임 원내대표는
"탄핵보다 무서운 게 분열"이라고 했다
한 대표는 이날 오전 긴급기자회견을 열어
"윤 대통령의 조기 퇴진 의사가 없음이 확인된 이상
즉각적인 직무정지가 필요하다"며
"이제 유효한 방식은 탄핵 하나뿐"이라고 말했다
이어 "다음 표결 때 우리 당 의원들이 회의장에 출석해
소신과 양심에 따라 표결에 참여해야 한다"고 덧붙였다

권성동 여당 원내대표

국민의힘 새 원내사령탑으로 검사 출신
5선의 권성동 의원(강원 강릉)이 선출됐다
12일 오전 국회에서 열린 의원총회에서
106표 중 72표를 얻어 34표를 받은
김태호(4선·경남 양산을) 의원을 누르고
새 원내대표로 당선된 것이다
같은 날 '12·3비상계엄' 가담자로 지목한
박성재 법부부장관과 조지호 경찰청장에 대한
탄핵소추안이 국회 본회의를 통과됐고
'비상계엄 특검법'과 '김건희 여사 특검법'도
이날 국회 본회의를 나란히 통과됐다
두 특검법안에 대해 국민의힘은 '반대 당론'을 정했지만
이탈표가 적지 않았다
특검법안에는
안철수·김예지·김용태·김재섭·한지아 의원 5명이
네 번째 발의된 김 여사 특검법안에는
권영진·김예지·김재섭·한지아 의원 4명이 찬성했다

선진국 시험대 오른 한국

대한민국은 2021년 7월부터 선진국이 되어
5년 차에 접어들고 있다
허나 한국이 선진국이 됐는지 어떤지
실감이 나지 않은 게 사실이었다
정치가 너무 시끄러워서다
앞으로 나아질 기미가 보이질 않는다
우리나라는 정치 한복판에
종북좌파 · 생계형좌파 · 강남좌파가 혼재하고 있는
특수한 국가에 속한다
'12 · 3 비상계엄' 선포를 한 대통령이 내란죄에 몰려 있고
혼합 좌파 야당이 개선장군 행세를 하고 있다
참으로 기이한 현상이 우리나라에서 전개되고 있지만
우리 국민은 현명하게
이를 잘 극복할 것이라 믿고 있다

경찰청장·서울청장 구속

'12·3 비상계엄 사태' 당시 통제를
지시한 혐의를 받고 있는 조지호 경찰청장과
김봉식 서울경찰청장이 13일 구속됐다
남천규 서울중앙지법 부장판사는
증거인멸 할 염려가 있다며 구속영장을 발부했다
현직 경찰청장과 서울경찰청장이 동시에
구속된 건 사상 처음이다
이와 관련 특별수사단은 구속영장에
'피의자 윤석열'이라고 적시한 것으로 파악됐다

이재명 탄핵안 성명

이재명 더불어민주당 대표가
윤석열 대통령 탄핵소추안 표결을 하루 앞둔
12월 13일 국민의힘에
"부디 탄핵 찬성 표결에 동참해라"고 촉구했다
윤 대통령이 자진사퇴가 아닌
탄핵심판을 다툴 것이란 해석이 나오면서
야당은 헌법재판소에 대한 '신뢰'를 강조한
메시지를 거듭 내놨다
이 대표는 윤 대통령이 전날 발표한 담화를
"국민을 향한 광기의 선전포고"로 규정했다
그는 "단 한시도 직무를 수행할 능력이 없음을
단 한시도 직무를 수행해서는 안 된다는 것을
셀프 인정했다"며 "국민의
생명은 초지일관 한결같고 또 분명하다
내란 수괴 윤석열은
지금 당장 물러나는 것"이라고 했다

내란 수사가 내란

김용현 전 국방부장관 측이
"12·3비상계엄 사태에 대한 수사가
내란행위에 해당한다며
비상계엄은 대통령의 고유 통치행위였다"고 주장했다
김 장관 측 변호인단은 12월 13일 입장문을 내고
"비상계엄 선포는 헌법이 대통령에게 부여한
고유한 통치 권한"이라며 이같이 밝혔다
변호인단은 "비상계엄 선포에 필요한
요건이 충족됐는지는 대통령만이
판단할 수 있는 고유한 통치행위이므로
사법적 판단의 대상이 될 수 없다"고 말했다

대통령 출당 충돌

윤석열 대통령에 대한 제명·출당을 둘러싼
국민의힘 친윤그룹과 친한그룹계 간
갈등이 증폭되고 있다
친윤 중진들은 윤 대통령 제명·출당
징계를 추진하는 한 대표를 겨냥해
'비굴한 배신자'라고 원색적으로 비난하며
선날 윤 대통령의 담화 내용도 옹호했다
반면 친한계는 "윤 대통령이 보수의 가치인
헌정질서와 자유민주주의를 정면으로 파괴했다"며
제명을 촉구했다

윤상현 의원은 "한동훈 대표의
윤리위원회 소집은 당을 개인 소유물로
여기는 독재적 발상이다"라고 했고
신지호 전략기획부총장은
"당에 큰 해를 끼친 경우 징계 사유가 된다
지금 당의 사회적 평가가 비상계엄 전과 비교했을 때
심각하게 악화됐다"고 했다

윤 대통령 탄핵가결

"대통령 윤석열 탄핵소추안은 총투표 수
300표 중 가 204 · 부 85표 · 기권 3표 · 무효 8표로
가결되었음을 선포합니다"
우원식 국회의장이 2024년 12월 14일
오후 5시경 탄핵소추안 가결을 밝히며
의사봉을 두드렸다
204명이 탄핵에 찬성표를 던지면서 국민의힘에서
최소 12명이 찬성표를 던진 것으로 풀이된다
공개적으로 찬성한 7명 외에도 5명이
더 찬성한 셈이다
기권표와 무효표를 더하면 여당 내에서
최대 23명이 이탈했다는 해석이 나왔다
당초 탄핵 찬성 의견을 밝힌 조경태 ·
안철수 · 김지예 · 김상욱 · 김재섭 · 진종오 ·
한지아 의원이 모두 찬성표를 던졌다고 가정하면
여당 내부에서 추가로 5명이 찬성한 것이다

제6장
선진국 5년차의 시련

배신인가 충신인가

안철수 등 국민의힘 12 의원은 무엇인가
배신인가? 충신인가?
윤석열 대통령과 한동훈 대표에게는 치명상이지만
코브라처럼 독을 품고 달려드는 거대야당의 예봉을 꺾어
정국의 숨통을 틔워 주었고 성난 민심을 달래는 효과는
일시적이나마 있었다
그러나 이들 12명이 던진 표가 국가에
어떻게 작용할지 득실을 따지기에는 아직 이르다
2024년 12월 15일 일요일이다
간밤에 토네이도 같은 폭풍이 휩쓸고
지나간 고요한 아침의 느낌은 허망하기 짝이 없다
선진국 진입 5년 차
대한민국에 너무나 큰 시련이 닥쳤다

상반된 두 지도자

보자기 없는 투우사 윤석열 대통령
보기만 해도 아슬아슬한 장면이었다
그동안 외교 훈풍 속에
원전(原電)이다 방산(防産)이다
4대 개혁(연금·교육·노동·의료) 등에
노심초사하고 있는데 결혼 전 김건희 여사의
도이치모터스 '수가조작'과
몰래카메라에 걸려든 '300만 원 짜리 명품백' 사건 등에
목을 매고 죽고 살기로 달려드는
거대 야당이 무서웠을 것이다
흙수저 출신으로 혼신의 노력으로 여기까지 왔는데
온몸에 사법 리스크를 뒤집어쓰고
고군분투하고 있는 이재명 더불어민주당 대표는
줄줄이 재판을 받아야 하는
불안감을 안고 살아야 했다
언제 구속될지 좌불안석인 그는
때마침 2024년 4월 총선에 압승하면서
생각이 달라졌다
이를 만회하고자 저돌적으로 밀어붙인 게
'이재명 방탄국회' '탄핵국회'가 되고 말았다
이 두 지도자는 때려잡는 게 직업인

검사 출신 윤석열 대통령과
상대방을 공격해 이겨야 사는 민변 출신의
변호사 출신으로 제대로 만난 것이다

과유불급(過猶不及)

지나침은 미치지 못함과 같은 뜻이다
'중용(中庸)'이 중요함을 이르는 말이다
어제 국회에서 윤석열 대통령 탄핵안이
가결되고 나서 우원식 국회의장은
의사봉을 마치 가수 박서진이 장구 치듯
신바람이 나서 두드리는 것을 보고
"앗! 서선 아닌네…"
삼부요인 즉 대통령·국회의장·대법원장
3인 중 대통령을 불신하는 자리에서
국회의장이 저렇듯 좋아해야 하는 건
과유불급이란 생각이 들었다

미국 백악관의 반응

미국 백악관은 12월 14일
조 바이든 대통령이 윤석열 대통령의
탄핵소추안 가결 뒤 대통령 권한대행을
맡은 한덕수 국무총리와 통화를 갖고
"한국의 민주주의와 법치주의 회복력에
감사를 표했다"고 밝혔다
토니 블링컨 미 국무장관도 같은 날 기자회견에서
"한덕수 권한대행과 일할 준비가 돼 있다
철통같은 한미동맹을 강력하게 지지한다"
고 말했다 하지만 NYT 등 외신들은
도널드 트럼프 2기 행정부 출범을 앞두고
한국의 권력공백 상황이 대미 관계와
외교 및 무역정책 조정 등에서
어려움으로 작용할 것으로 내다봤다
한덕수 권한 대행은 2009~2012년 주미대사를 지내는 등
외교 경험이 풍부하다는 평가를 받는다

몸 낮춘 민주당

"국민 여러분 1차전의 승리를 축하드리고 감사드립니다
그러나 이제 겨우 작은 산 하나를 넘었을 뿐입니다
우리 앞에 더 크고 험한 산이 기다리고 있습니다"
더불어민주당 이재명 대표는 14일 오후
국회 본회의에서 윤석열 대통령의
탄핵소추안이 가결된 직후
국회 앞 시민들의 집회 현장을 찾아
굳은 표정으로 이같이 말했다
이 대표는 자당 소속 의원들에게도
"침착하라 책임감 있게 행동하라"고
당부한 것으로 알려졌다
우원식 국회의장이 탄핵안 가결을 선포하던
순간 민주당 의원석에선 '와!' 하는 짧은
환호성과 박수가 터져나왔다
다만 이 대표는 굳은 표정으로 그대로
자리에 앉아 있었다

윤 대통령 직무정지

윤석열 대통령의 직무와 권한은
2024년 12월 14일 오후 7시 24분 정지됐다
검찰은 윤 대통령에게 국회 탄핵 표결 다음 날인
15일 내란수괴 혐의 피의자 신분으로 출석해
조사받으라고 11일 통보했다는 사실을 공개했다
현직 대통령이 피의자 출석 요구 등
검찰 수사와 탄핵심판을 동시에 받는
초유의 상황에 직면한 것이다
윤 대통령은 검찰의 출석 통보 다음 날인
12월 12일 "탄핵하든 수사하든
당당히 맞설 것"이라는 대국민 담화를 발표했다
검찰은 윤 대통령에게 15일
출석 통보에 응하지 않았다며
"2차 출석 통보를 할 예정"이라고 밝혔다

국가안정협의체 제의

더불어민주당 이재명 대표가 15일
국회와 정부가 함께하는
'국정안정협의체' 구성을 제안하며
한덕수 국무총리에 대한 탄핵은 보류하겠다고 했다
"직무대행은 현상 유지 관리가 주 업무"라며
윤 대통령 탄핵소추안이 통과된 바로 다음 날부터
자신이 국정운영 주도권을 쥐겠다는 점을 확실히 밝혔다
총리실은 "정부는 국정의 조속한 안정을 위해
여야를 포함한 국회와 적극적으로 협력할
준비가 돼 있다"고 밝혔지만
국민의힘 권성동 원내대표는
"국민의힘은 여전히 여당"이라며
이 대표의 제안을 거부하면서
"민주당이 국정운영 책임자가 된 것처럼
행동하는 것은 옳지 못하다
당정협의체를 통해 여당으로서
책임정치를 끝까지 할 것"이라고 했다

헌재 탄핵심리 착수

사건번호 2024헌나8
사건명 대통령 탄핵
2024년 12월 14일 오후 6시 15분
국회의 윤석열 대통령 탄핵소추 의결안을 접수한
헌법재판소는 즉시 사건번호를 부여하고
최대한 신속하고 공정하게 사건을 처리하겠다고 밝혔다
문형배 헌재소장 권한대행은 사건 접수 직후
"신속하고 공정하게 재판하겠다"고 밝혔다

(헌법재판소 재판관 현황)
문형배(58)-문재인 대통령 추천 진보
이미선(54)-문재인 대통령   진보
김형두(59)-김명수 대법원장   중도
정정미(55)-김명수 대법원장   중도
정형식(63)-윤석열 대통령   보수
김복형(56)-조희대 대법원장   보수

(국회 추천후보자)
마은혁(61)-더불어민주당 추천   진보
정계선(55)-더불어민주당   진보
조한창(59)-국민의힘 추천   보수

프랑스 정치혼란

1년 새 4번째 총리… 신용등급 강등당해
1962년 이후 62년 만의 행정부 붕괴가 발생한
프랑스의 정치 혼란이 잦아들지 않고 있다
12월 13일 에마뉘엘 마크롱 프랑스 대통령이
중도우파 성향의 푸랑수아 바이루 전 법무장관(73)을
신임 총리로 발탁했지만
극우성당 국민정서
좌파연합 신민중전선 등
야권은 전 총리와 크게 다르지 않다며 반발하고 있다
계속된 정치 혼란 속에
정부 재정적자를 둘러싼 우려도 커지면서
국제신용평가사 무디스는 프랑스의 국가 신용 등급을
'Aa2'에서 'Aa3'로 한 단계 낮췄다

떨고 있는 중동 지도자들

2024년 12월 13일 시리아 수도 다마스쿠스의
우마야드 광장에서 정권 축출을 기념하는
인파가 몰려들었다
시리아를 철권 통치하던 알아사드 정권이
반군의 총공세로 무너진 뒤
아랍국가 지도자 사이에서
비슷한 사태가 벌어질지도 모를 것이라는
우려가 커지고 있다
워싱턴포스트(WP)는
이집트·요르단·사우디아라비아·아랍에미리트(UAE) 등
강력한 통치로 정권을 유지해온 아랍국가 지도자들이
시리아 알아사드 정권 축출과 이슬람정부 등장이
자국 내 정치적 불안을 초래할
가능성을 우려한다고 보도했다

탄핵의 형평성

윤석열 대통령이 국회에서 탄핵 당했다
이번 대통령 탄핵안 가결은
2004년 노무현 대통령
2016년 박근혜 대통령에 이어 세 번째다
지난 두 차례 탄핵은 국론분열과
진영대결 등 엄청난 사회적 비용을 치렀다
이번 사태의 책임은 윤석열 대통령이
우선 져야 함은 물론이지만 그렇다고
① 잇따른 탄핵 남발
② 입법 폭주
③ 감액예산
④ 일방처리 등 사사건건 발목 잡은
거대야당의 횡포 또한 책임을 피해 갈 수는 없을 것이다
더불어민주당도 공당으로서
대통령 탄핵(彈劾)에 상응(相應)하는 책임을 지는 것이
「자유·평등·정의」 정신에 부합하는 것이란
생각을 해본다

엘리트 집단의 권위

대한민국 최고 엘리트 층인
법조계의 권위가 땅에 떨어졌다고
한탄하는 소리가 들리기 시작한 건 오래전의 일이다
전관예우 · 민변예우 · 유전무죄 · 무전유죄
이현령비현령 등 모두 법조계를
조롱하는 언어들이다
모두 엘리트 얼굴에 먹칠하는 소리다
이번 탄핵 정국에서
「자유 · 평등 · 정의」를 바라보면서
보수(保守) 진보(進步) 따지지 말고
누가 추천했든 따지지 말고
내편 네편 따지지도 말고
말 그대로 명실상부한 엘리트 집단의
참모습을 보여주었으면 하는 마음이다
정치인들의 못된 버르장머리를
고쳐 놓아야 하기 때문이다

조국 서울구치소 수감

자녀 입시비리와 유재수 전 부산시장에 대한
감찰 무마 등의 혐의로 징역 2년이 확정된
조국 전 조국혁신당 대표(59)가
12월 16일 의왕시 서울구치소에 수감되면서
그는 "조국혁신당의 4월 총선 공약 중
윤석열 정권 조기 종식은 국민과 함께 이뤄냈다"며
"이제 남은 것은 검찰 해체"라고 강조했다
이어 "정권교체에 전력투구해야 한다"며
"내란 공범 국민의힘이 정권을 유지하는 일은
하늘이 두 쪽 나도 막아야 한다"고 덧붙였다

퇴장당한 검사 정치

국민의힘 한동훈 대표가 12월 16일
당 대표직을 사퇴했다
7월 23일 전당대회에서 당 대표에 선출된지 146일 만이고
4·10총선 패배 책임으로
당 비상대책위원장직을 내려놓는 지 8개월 만에
윤석열 대통령에 대한 탄핵소추안 통과 여파로
두 번째 사퇴를 하게 됐다
당내에선 "검사출신 대통령이 탄핵된 데 이어
검사출신 당 대표가 물러나면서
'검사 정치'가 퇴장했다"는 지적이다

한 대표는 국회에서 기자회견을 열고
"이번 비상계엄 사태로 고통 받으신
모든 국민께 진심으로 죄송하다"며
"탄핵이 아닌 이 나라의 더 나은 길을 찾아보려
백방으로 노력했지만 결국 그러지 못했다
모두가 제가 부족한 탓"이라고 말했다

더불어민주당 이재명 대표를 겨냥해서는
"계엄이 잘못이라고 해서
민주당과 이 대표의 폭주 범죄혐의가

정당화되는 것은 절대 아니다"라며
"이 대표 재판의 타이머는 멈추지 않고 가고 있다
얼마 안 남았다"고 했다

국민의힘 내에선 한동훈 대표가
수직적 당정관계를 바로잡겠다며
윤 대통령과 맞서는 '윤·한 갈등' 국면에서
존재감을 키웠지만
20여 명 안팎의 친한계 의원 외에 세력 확장을 못하면서
"검사 출신 초보 정치인의 한계를 드러냈다"는 분석이나
친한계의 핵심 의원은 "정치는 대화와 타협이 중요한데
검사 출신은 듣기 싫은 말은 안 들으려고 한다"고 했다
한 재선 의원은 "한 대표가 독단적인 측면이 있다
이를 보완해야 한다"고 했다

망국의 쏠림현상

한국병(病)의 하나가 쏠림현상이다
쏠림현상 때문에 우리는 늘 고생한다
배가 뒤집힌다
물에 빠져 허우적거린다
'12·3비상계엄 사태'만 해도
윤석열 대통령 탄핵에 정신이 팔려
"비상계엄사태가 왜 발생했나"
이런 의문은 거들떠보지도 않는다
"왜 발생했나?"
"거대야당의 폭거(暴擧)가 아닌가?"

한동훈도 떠났다

국민의힘
당원들도 줄줄이 떠난다
보수의 괴멸인가
누가 채워줄까?
윤석열이 살아 돌아올까
모르겠다
윤석열 정부서 스타 장관
한동훈이

우면산 무장애숲길

우면산에 올라가면
휠체어 타고 가는 길
무장애숲길 공사가 한창이다
돌담불 옆으로 길이 난다
돌담불 옆 벤치는 모두 옮겼다
오늘도 돌 몇 개를 보탰다
2011년 7월 27일 산사태부터
모으기 시작해 산에 오를 때마다
돌을 모은 돌담불이다
영하의 날씨에도
열심히 일하는 이들이 고맙다
이달(2024년 12월)에 완공이다
무장애 국가를 생각하면서
개통 전 돌담불 옆길을
무장애숲길을 걷는다

독일 숄츠 총리 불신임

독일 숄츠 총리가 2024년 12월 16일
독일연방의회에서 불신임됐다
연방의회는 숄츠 총리가 발의한 신임안을 표결에
부쳐 찬성 207표 반대 394표 기권 116표로 부결했다
의회의 불신임에 따라 프랑크발터 슈타인마이어 대통령은
3주 안에 의회 해산여부를 결정하고
해산 후 60일 내에 총선이 치러질 예정이다
최근 프랑스에서도 의회가
정부 불신임안을 통과시키는 등
유럽 주요 국가의 정치적 혼란이
유럽연합의 불안정성을 고조시킨다는 분석이다

통지서 접수거부

12·3불법계엄 선포 사건의 우두머리
혐의를 받는 윤석열 대통령이 수사는 물론이고
탄핵심판 절차에도 협조하지 않고 있다
12월 17일 헌법재판소에 따르면
윤 대통령은 헌재가 보낸 국회의 탄핵소추안 의결서를
16일부터 지금까지 수령하지 않았다
윤 대통령은 수사도 거부하고 있다

이재명 선거법 2심 통지서 접수 거부로
재판이 지연되고 있다
법조계에 따르면 이 대표의
선거법 위반 사건 항소심을 담당하는 서울고법 재판부는
소송기록접수통지서를 세 번째로 보냈다
9일과 11일 두 차례에 걸쳐
이 대표에게 통지서를 보냈지만
'이사 불명' 등의 이유로 송달되지 않고 있다

내란죄 성립 안 돼

윤석열 대통령의 변호인단이
12월 17일 윤 대통령의 12·3비상계엄
선포 행위에 대해
"내란죄 구성 요건을 충족하지 못한다"며
윤 대통령이 헌법재판소의
탄핵심판 공개변론에 직접 나설 것이라고 말했다

윤 대통령 변호인단 구성을 돕고 있는
석동현 변호사는 기자회견을 열고
"폭동 소요도 없고 법률가들은
간명하게 내란이 될 수 없다고 말한다"며
"정치권과 야당에서 내란이 나서
나라가 뒤집어진 것처럼
과장되게 주장한 측면이 있다"고 말했다

제7장
대통령 탄핵하는 나라

내란의 우두머리

윤석열 대통령이 내란의
우두머리(수괴)로 수사가 시작됐다
우리의 대통령이 헌법재판소의 판결은 아직인데
지금 대한민국은 떨고 있다
떨 수밖에 없다
윤석열 대통령이 내란 수괴가 돼
수사를 받고 있는 나라 대한민국
경찰·검찰·공수처의
중구난방 수사가 펼쳐지고 있다

이재명

더불어민주당 이재명 대표
그 하나를 지키려고 온통 나라가 뒤집히고 있다
과연 그럴만한 값어치가 있나?
내가 너무 늙어서 잘못 본 거라면 좋으련만
어쩌다 나라가 이 꼴이 되었나…!

시리아 10만 명 암매장

시리아의 바샤르 알 아사드 독재정권 시절
대규모 학살을 증명할 집단 매장지 2곳이
최근 발견됐다
이를 두고 "10만 명이 넘는 사람들이 고문당해
사망했을 것"이란 추정까지 나오면서
아사드 정권의 잔학성을 비판하는
국제사회의 목소리도 커지고 있다
미국 국무부 국제형사지법 대사를 지낸
스티븐 램은 12월 17일
시리아 수도 다마스쿠스 인근에 있는
쿠타이파와 나자의 집단 매장지를 방문한 뒤
아사드 정권에 의한 시리아인의
대규모 고문·살해 가능성을
로이터통신에 이같이 언급했다
그러면서 "나치의 홀로코스트 이후
이런 광경은 처음"이라고 했다

윤석열 수사 공수처로

12·3비상계엄 사태를 수사 중인 검찰이
12월 18일 윤석열 대통령에 대한 수사를
고위공직자범죄수사처(공수처)로 넘기기로 했다
중복수사에 따른 법적 논란을 해소하기 위한 방안이다
그러나 공수처가 수사를 전담하더라도
대통령에 대한 기소권이 없다는 점은 문제로 남는다

권성동 이재명 예방

권성동 국민의힘 대표권한대행 겸 원내대표와
이재명 더불어민주당 대표가
12월 18일 국회에서 만나
정국 수습방안 등을 논의했다
두 사람 모두 정국 안정을 말하면서도
사태의 원인과 해법을 두고는 입장 차를 보였다

거대야당의 위협을 느껴
계엄을 선포한 대통령은 한남동 관저에 칩거하고
계엄선포의 단초(端初)를 제공한 야당 대표는
개선장군이 되어 활보하는 기현상이
대한민국에서 벌어지고 있다
더불어민주당은 윤석열 대통령에 대한
탄핵소추안이 국회에서 가결된 후
사실상 독무대를 펼치고 있다

6·25의 추억

1950년 6월 25일
인민군이 쳐내려오니까
숨죽이고 살던 머슴들이
죽창을 들고 설치고 다녔다
불과 74년 전의 일로
어린 시절의 막막함이
아린하게 떠오르고 있다

한덕수 거부권 행사

한덕수 대통령 권한대행이
12월 19일 거부권을 행사했다
"오로지 헌법 정신과
국가의 미래를 최우선으로 고려해 결심했다"며
양곡관리법 등 6개 법안에 대해 거부권을 행사했다
6개 쟁점 법안은 농업4법 즉
① 양곡관리법
② 농수산물 유통 및 가격인상에 관한 법
③ 농어업재해대책법
④ 농어업재해보험법 개정안과
⑤ 국회법
⑥ 국회증언감정법 개정안으로
지난달 28일 야당 단독으로 국회에서
강행처리돼 정부로 이송됐다

이화영 2심도 유죄

이화영 전 경기도 평화부지사가
쌍방울 그룹에 경기도지사 방북 비용을
대납시킨 혐의 등으로
항소심에서 징역 7년 8개월을 받았다
수원고법 형사1부(문주형 · 김민강 · 강영재 판사)는
12월 19일 1심과 같이 벌금 2억5,000만 원과
추징금 3억2,595만 원을 함께 선고했다
이화영 전 부지사에 뇌물을 준 쌍방울 그룹 부회장에겐
원심과 같은 징역 2년 집행유예 3년을 선고했다

여권 주자들 몰락

이쯤 되면 '씨가 말랐다'고 해도 될법하다
윤석열 대통령의 12·3계엄 사태 이후
2주 만에 여권 차기 주자들의 지지율이
폭삭 주저앉았다
(야권)   이재명 37%
　　　　조국　　3
　　　　우원식　1
(여권)   한동훈　5
　　　　홍준표　5
　　　　오세훈　2
　　　　김문수　2
　　　　유승민　2
　　　　안철수　1
이상은 2024년 12월 20일 발표한 한국갤럽
여론조사 결과를 요약한 것으로
정당 지지율은 민주당 48% 국민의힘 24%로
격차가 벌어졌다

공조본 최후통첩

12·3불법비상계엄 선포 사건을 수사 중인
공조본(공수처·경찰·국방부 수사본부)이
2024년 12월 20일
내란 우두머리(수괴) 등의 혐의를 받는
윤석열 대통령에게 '25일 나와 조사 받으라'며
2차 출석 요구서를 보냈다
25일은 싱탄질이다
세상 참으로 삭막하다
앞서 1차 출석 요구를 거부한
윤 대통령 출석 여부에 관심이 쏠린다

이! 육씨랄 놈들아!

대한민국처럼 대통령을 능멸하는
나라는 없을 듯 싶다
보다보다 이제는 욕이 저절로 나온다
"이 육씨랄 놈의 새끼들아!"
우리나라의 대통령이 하나도
성한 대통령이 없지 않느냐?
이재명에게 말 하련다
지금 하는 짓 보면 설사 대통령이 될지라도
임기 중에 능지처참으로 죽을 것이다
이쯤해서 멈춰라!
더 이상 말하고 싶은 생각도 없다
내가 죽을 때가 돼서 나도 미치나보다
"이런! 육씨랄…!"

* 육시(戮屍)- 지난날 죽은 사람을 목베던 일, 또는 그 형벌
* 육시랄(육씨랄)- '육시를 할'이 줄어서 된 말

국회의장 여야정협의체

우원식 국회의장이 제안한
민생·안보 여야정협의체에 국민의힘이
12월 20일 탄핵정국 속에서
민생과 안보 문제 협의를 위해
국회와 정부가 함께하는 '여야정 협의체'에
참여하겠다는 의사를 밝혔다
그러면서도 더불어민주당 이재명 대표가
제안한 '국정안정협의체'가 아닌
우원식 국회의장이 제안한 협의체에
참여하겠다는 점을 분명히 했다
여당 일각의 "이 대표가 여야정협의체를
주도할 경우 이 대표의 대권 가도에
들러리를 서는 게 될 수 있다"는
우려가 작용한 것으로 보인다

한덕수 대행 탄핵압박

더불어민주당이 양곡법 등 6개 법안에 대해
거부권을 행사한 한덕수 대통령 권한대행을 향해
"선제적 탄핵도 가능하다"라고 압박했다
민주당은 '김건희 특검법'과 '내란 특검법' 수용 및
내란 상설특검 가동 헌법재판관 임명 문제를
'한덕수 탄핵'의 레드라인으로 정하고
한 권한대행이 이를 거부하면
탄핵 추진을 검토한다는 방침이다
이재명 대표는 12월 20일 최고위원회에서
한덕수 권한 대행을 향해
"윤석열 대통령이 국회 입법권을 무시하는 행태가
한덕수 대행 체제에서도 반복되고 있다"며
"민의에 따라 특검법을 신속히 공포하라"고 촉구했다

부 록
김제방 역사학자의 출판도서 연보

김제방 역사학자의 출판도서 연보

 수필집(여름사 · 지문사 · 행림출판)

1988년 인간적인 것이 그립다

1989년 빌딩 숲에 매달린 고슴도치

1991년 어느 여름밤의 방황

1992년 물꼬를 터 가는 사람들

1993년 사도세자 압구정역 하차
　　　　비에 젖은 남치맛자락

1994년 둥지를 찾아 헤매는 텃새

1996년 호박이 넝쿨째 굴렀네
　　　　목화꽃이 필 무렵

시집(지문사 · 한솜)

1998년 이집트로 가는 길

1999년 오아시스로 가는 길

2000년 베이징으로 가는 길

2001년 긴 만남 짧은 이야기
       왕건의 나라
       장하다 홍국영

2003년 흥선대원군 · 명성황후

2004년 고종황제의 최후

2005년 이승만과 김구의 대좌

2006년 박통의 그늘
       세종대왕의 실수

2007년 불타는 창덕궁

역사서(문학공원)

2009년 한국근현대사

2010년 한국중고대사

2011년 조선왕조사
       한국민주화역사

2013년 성공한국사(딥씨)

2015년 한국현대사 · 1
       한국현대사 · 2
       한국현대사 · 3

2016년 한국현대사 · 4

2017년 한국현대사 · 5
       한국현대사 · 6

2018년 세계사와 함께 읽는 재미있는 韓國史

역사서사시집 (문학공원)

2018년 우면산 돌담불

2019년 한강의 기적
　　　　5·16혁명

2020년 박정희 황금시대
　　　　문재인 적폐시대
　　　　이승만 건국시대
　　　　전두환 오파시대

2021년 코로나 비상시대
　　　　흔들린 민주주의
　　　　박정희 100년 시대
　　　　추억의 대한제국

2022년 선진국 대한민국
　　　　선진국 원년의 한국
　　　　윤석열 대통령 시대
　　　　한국혁명의 빛

2023년 중동건설붐 이후
　　　　박정희 정신(통산 50권째 저서)
　　　　법조계 악성 카르텔

2024년 윤석열 외교훈풍
　　　　재판인가 개판인가
　　　　법조계의 경고음

망국의 법조계 패거리들
대한민국 이대로 괜찮겠나
대법원의 국민약탈행위
5·16혁명 복원 헌법소원

2025년 대한민국 비상사태

김제방 역사서사시집

대한민국 비상사태

초판발행일 2025년 1월 20일

지은이 : 김제방
발행인 : 김순진
편집장 : 전하라
디자인 : 김초롱
펴낸곳 : 도서출판 문학공원
등 록 : 2004년 3월 9일 제6-706호
주 소 : 우편번호 03382 서울 은평구 통일로 633
　　　　녹번오피스텔 501호 스토리문학사
전 화 : 02-2234-1666
팩 스 : 02-2236-1666
홈페이지 : https://blog.naver.com/ksj5562
이메일 : 4615562@hanmail.net

※ 책값은 뒤표지에 있습니다.
※ 저자와의 협의에 의해, 인지는 생략합니다.